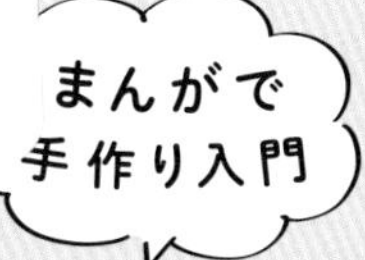

セーター+ベスト 編んでみませんか?

監修 fumifumi
まんが あきばさやか

Enjoy Knitting!

はじめに

セーター、編んでみない？

100% kodumaisest vanapaberist

お久しぶりです！　編んでいらっしゃいますか？
前作『まんがで手作り入門　編み物始めてみました！』では
アクリルたわしやマルシェバッグなどのかぎ針で作る小物、
棒針でもマフラーやハンドウォーマーなどの作り方を

超初心者のカオリさんと一緒に学びました。
前作をきっかけに編み物を始められた方も
そろそろ「もう少し手応えのあるもの編みたいな〜」
と思っている頃ではありませんか？
また、前作をまだ読まれていない方でも、
この本を手に取っていただいたということはウエアづくりに興味があるはず。

「かといって、やっぱり着るものを編むなんて、ハードルが高すぎる！」
そんな声が聞こえてきそうですが、いえいえ。
本書では、カオリさんも、リリコさんと一緒に
セーターを編みたくなってチャレンジしています。
模様の編み方、肩はぎや脇とじ……
くじけてしまいそうなポイントもまんがを読みながら
カオリさんたちと一緒にあせらず編んでいけば大丈夫！
「着るもの」が編めるようになると編み物の世界がもっとグッと広がります。
「着るもの」でも〝世界で一つだけのもの〟を目標にしてみませんか？

2023年7月　編み物講師　fumifumi

この本で作れるもの

まっすぐ編みのセーター

ストンとまっすぐ編むだけだから初めての作品にぜひ。前後の身頃を編んで肩をつなぎ合わせたら、袖は身頃から目を拾って編んでいく。にょきにょきと袖を編み進めると、あっという間に完成。中央の縦ラインはイギリスゴム編みをがんばりたい。

まんが P.20～

作り方 P.24～

P20 ～ 74 でセーターと共通の作り方の解説、P102～ベストの仕上げ方の解説となっています。
まんが
P.20～
作り方
P.102～

まっすぐ編みのベスト

セーターを編むのに抵抗があるなら、ベストがおすすめ。身頃を２枚まっすぐ編んで、肩をつなぎ合わせる。そして脇に小さなベルトをつければ初秋から春先まで着倒せる、シンプルな一着に。

アランのセーター

一度はチャレンジしたい、アラン模様。一見難しい模様編みでも慣れてくれば編み進めるのが楽しくなる。袖はラグランスリーブといって、身頃と斜めにつなぎ合わせるのが特徴。

作り方
P.120～

Stanislav Dobak, Tale Dolven,
Bejarano, Elizaveta Penkova,
Ikeda, Martin Kilvády, Oliver

ガーンジー編みのセーター

表目と裏目の組み合わせで模様を生み出すガーンジー模様。ふんわりの袖とくるんと丸まる襟がフェミニンな印象に。袖は7分丈。さらに細身のコットン糸で編むから春や秋にも着られる。

作り方
P.144～

作り方
P.160～

バックスリットベスト

前から見るとシンプルな定番でもバックスタイルがかわいらしいベスト。スリット入りだから動きやすいのも実用的。大半がメリヤス編みなので初心者さんでもチャレンジしやすい。

apeaux sont en révolution.
ons du chapeau plat au cha-
ratoire. Ce ne sont plus que
aques agressifs, toquets en
ont précédé
toutes ces fleurettes éclose
et là des primevères ; ce
paille de laine se mêler
mais il conquit
cosaque, la
le tyrolien
en relief
sont légi
matelassé
la ville.
et poigne
de Chine
de tissu
Elles
capes en
base du
du soir
et autres
corsages,
fil de soie
très haut
place.

作り方
P.168~

ひつじの腹巻き

赤と白の2色で表現できるひつじの模様。輪に編むのではなく、平面で編んで最後につなぎ合わせる、初心者にやさしい仕様。

ショール

「かけ目」と「2目一度」だけでこんなにおしゃれな透かし編み模様が完成！　頭や肩に巻いたり、ひざ掛けにしたりと冬のお役立ちアイテムに。

作り方
P.172～

SELECTA
BLACK TRUFFLE
TRUFA NEGRA
PREMIUM POTATO CHIPS
PATATAS FRITAS PREMIUM

ネックウォーマー

肩まで暖まるネックウォーマーはおうちでもおでかけでもお役立ち。アラン模様の応用・ハニカム模様はとてもキュートなだけでなく暖かさを増幅させてくれます。

作り方
P.176～

この本だからできること

1 まんがでセーター作りの流れがわかる！

どこから編むの？

どれくらい時間がかかるの？

パーツの名称がよくわからない…

この本では、一着のセーターを編み終えるまでの流れがまんがで解説されています。おおよその所要時間も描写されているのでぜひ目安にしてください。これまでのセーター作りで不安だった点やイマイチわかりにくかった点もきっと解決するはず…！

2

動画もあるから もっとわかる

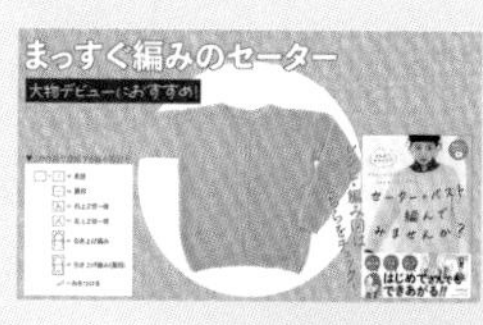

「まっすぐ編みのセーター／ベスト」と「アランのセーター」の3作品の、一着ができあがるまでの動画を作りました。編み始める前や不明点が出たら、見てみてください。きっとスムーズに編み進めることができます。

3

今さら聞けない 基本もバッチリ!

まんがや動画だけでなく、プロセス写真をたくさん使ってポイントを解説しています。この本を見るだけで作れる…はず!
また、章末のQ＆Aで、これまで聞けなかった疑問もスッキリ。

終わった〜〜
お……
9 September
プロジェクト リリース日
主人公・カオリ
WEB制作会社に勤める39歳
5歳の娘の母
な…なんらかの欲望を満たしたい……！
休日出勤頑張って〜
今日はパンケーキやさんに行くの〜
キャッ
キャッ
この5カ月忙しすぎてプライベート犠牲になってるもんね…
ハア
ハア
リリコ
会社の後輩で
編み物仲間
カオリさん！明日久々に行きませんか？
ズイ
行く？ どこへ？
も〜！あそこですよ！
ん？ああ！
編み物教室 fumi
カラ〜ン
あら！お二人ともお久しぶりですね
例のプロジェクトは終わったの？
fumi先生
編み物教室の先生
終わりました〜
手芸メーカーさんのサイトのリニューアルプロジェクトいろいろ作り込みたくなっちゃって自ら首を絞めるという…
ってカオリさん？

えへへ…
お久しぶりです…
ホ、ホラー映画…!?
ヒィ
しばらく編み物
やってなかったから
後ろめたくて
いいのいいの
プロじゃないんだから
そういう時期もありますよ
ポン
また
来てくれただけで
うれしいです
さぁ入って入って
ホッ
それでお二人は
次に何を
作りますか?
えっと…
私はこれ!
セーター
わ~
ステキ!!
私、今まで小物専門で
あんまりウエアは
完成させたことがなくて
袖と身頃を
はぎ合わせるのが
めんどくさくなったり
単純によくわからなくて
途中でやめたり…
でもそろそろ大物に
トライしてみたくて!
大物…!
ゴクリ
…あの…
私も同じの
編んでも
いいですか?
うん
使う技法も
カオリさんでも
編めそう!
モチロン
セーター
前すごい大作
編みました
ものね
エヘヘ

しかも
ストレートスリーブだから
比較的編みやすいと
思いますよ
ストレート
スリーブ？
かんたん
セーター
ええ
セーターの
袖のつき方には
種類があるんです
この本に登場する袖の形の種類
セットイン スリーブ
ラグラン スリーブ
ストレート スリーブ
ニットだけでなく
トップス全般の基本的な
袖のつき方。
従来のセーターの
作り方でも定番。
曲線の部分のはぎ合わせが
やや難しい。
襟から斜めに袖がつく。
ややカジュアルな印象に。
ニット作品では割と多い。
まっすぐなので
とにかくはぎ合わせやすい。
着用すると肩が落ちて
ドロップショルダー風
になって
ちょっと垢ぬけた
印象に。

それから
襟の形も
いくつかありますよ
たしかに
一般的な襟の形の種類
クルーネック
本書に
登場!
いわゆる丸襟。手作り作品でも
採用されることが多い。
Vネック
アルファベットの
Vの形の襟。
タートルネック
本書に
登場!
襟を長く編んで、折り返す。
たっぷりの編み地があるので
暖かい。
ハイネック
タートルのように
襟を長く編むが
折り返さない。
では
この作品の
レシピを
見てみましょう

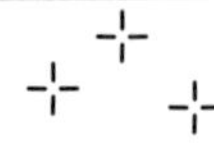

作り方

まっすぐ編みのセーター

back

ほんとに
肩と袖が
まっすぐ〜

使用糸：DARUMA ウールモヘヤ　ミント（色番3）　216g（11玉）

使用針：2本棒針10号、12号　4本棒針10号、12号

ゲージ：メリヤス編み　棒針12号　14目19段が10cm角

できあがり寸法：胸囲100cm、着丈58.5cm、ゆき丈67.5cm

作り方：糸は1本どりで編みます。前後身頃は一般的な作り目で編み始めます。
ゴム編みを12段編んだら針をかえ、メリヤス編みとイギリスゴム編みで編みます。
袖つけどまり位置に糸印をつけておきます。肩はかぶせはぎします。
前後身頃から拾い目をして袖を編み、1目ゴム編みを編んでゴム編み止めします。
脇と袖の下をすくいとじでとじます。
襟を編んで1目ゴム編み止めします。

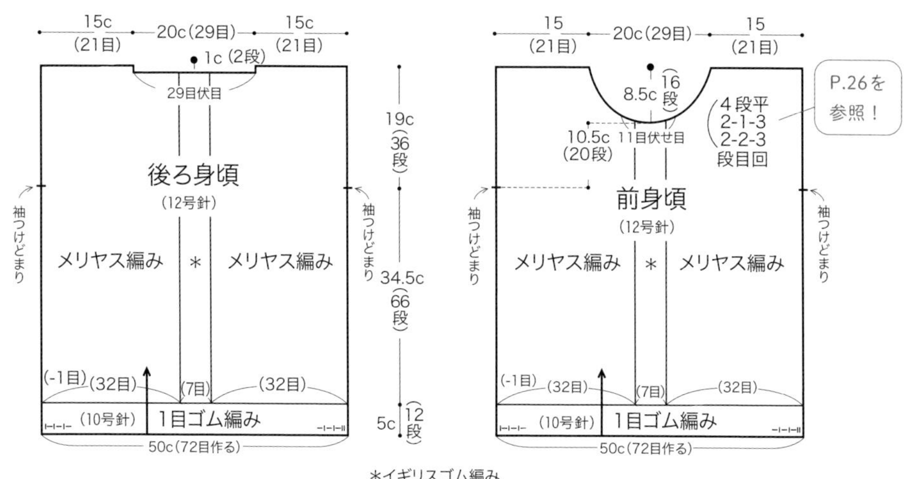

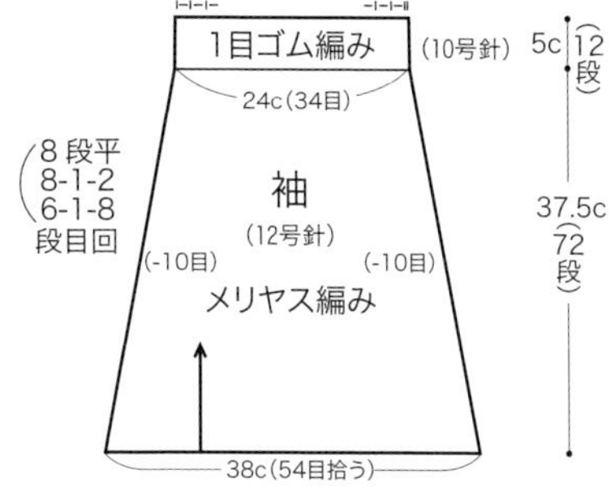

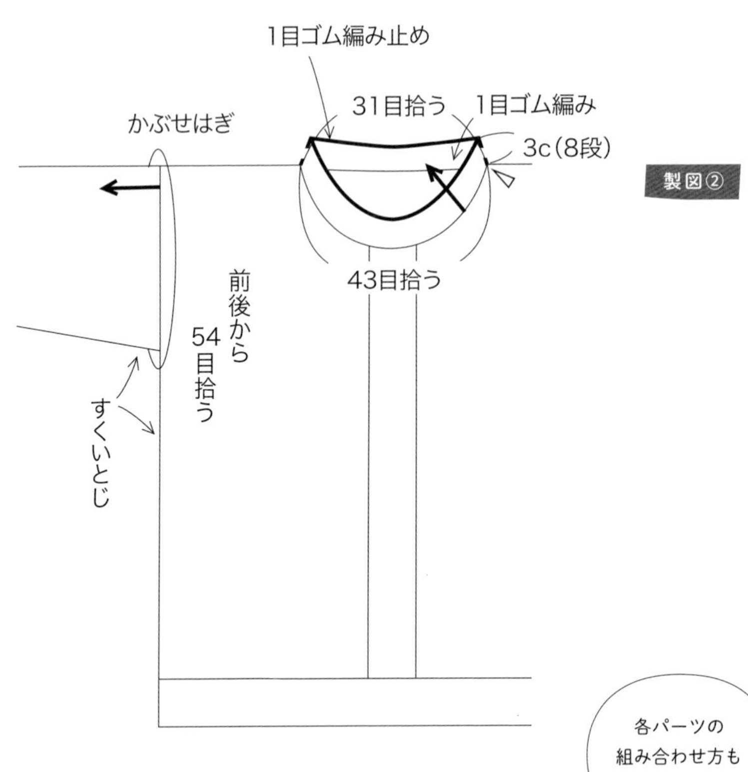

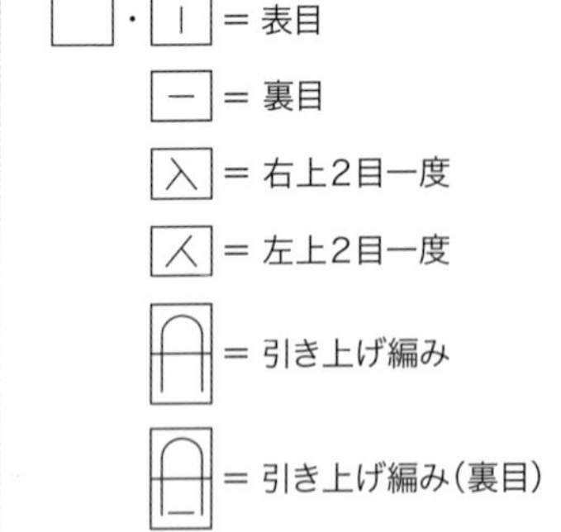

編み図記号。この作品で登場する記号が記されます

25ページの製図にあった

4段平
2-1-3
2-2-3
段目回

は、「2段ごとに2目減らし目を3回」「2段ごとに1目減らし目を3回」「4段平らに(増減なく)編む」という意味です。
製図だけ見て編める人が参考にする表記なので、初心者さんは編み図通りに編めば大丈夫ですよ!

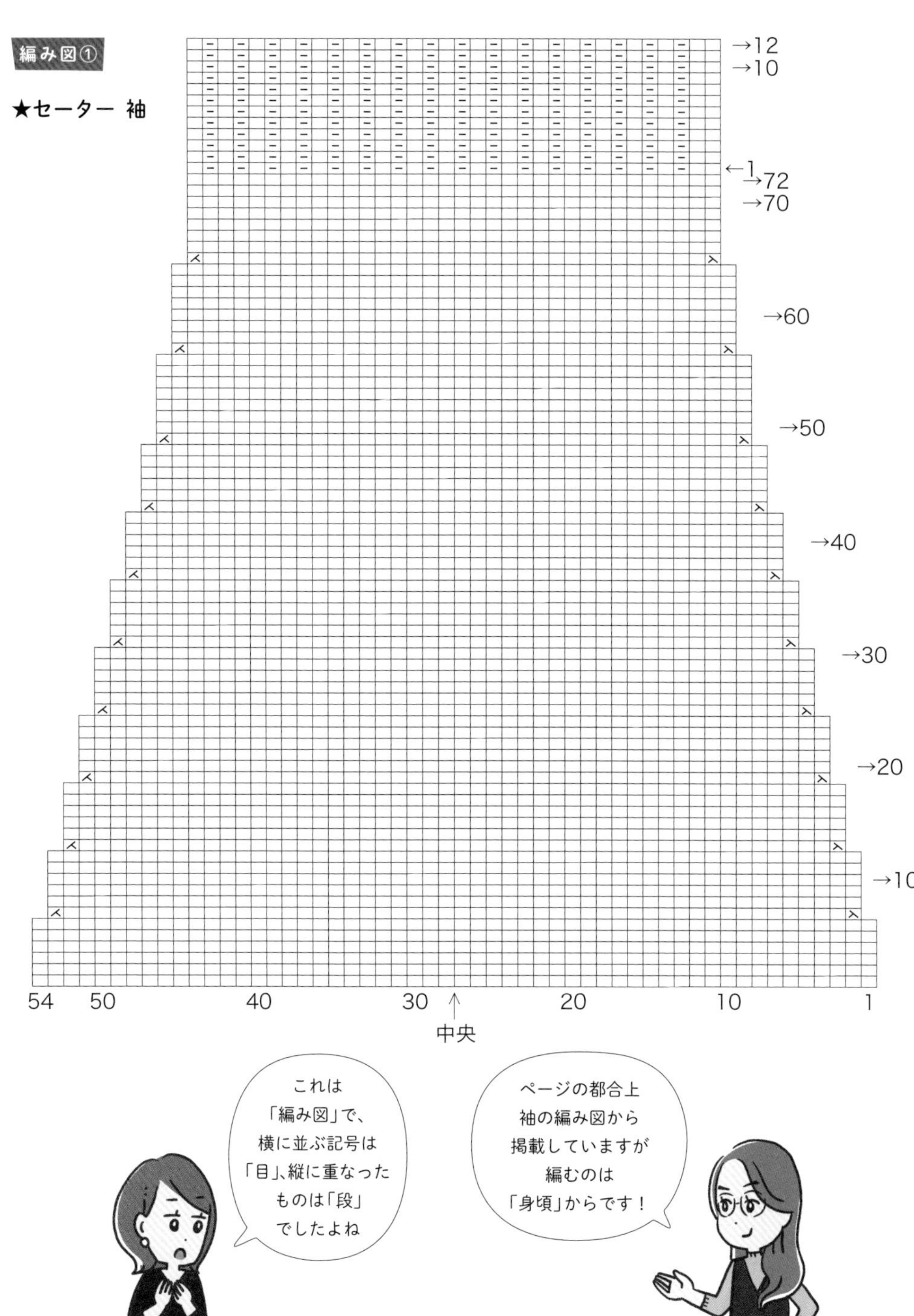
編み図①
★セーター 袖
→12
→10
←1
→72
→70
→60
→50
→40
→30
→20
→10
54
50
40
30
20
10
1
中央
これは
「編み図」で、
横に並ぶ記号は
「目」、縦に重なった
ものは「段」
でしたよね
ページの都合上
袖の編み図から
掲載していますが
編むのは
「身頃」からです！

編み図② ★セーター 前後身頃

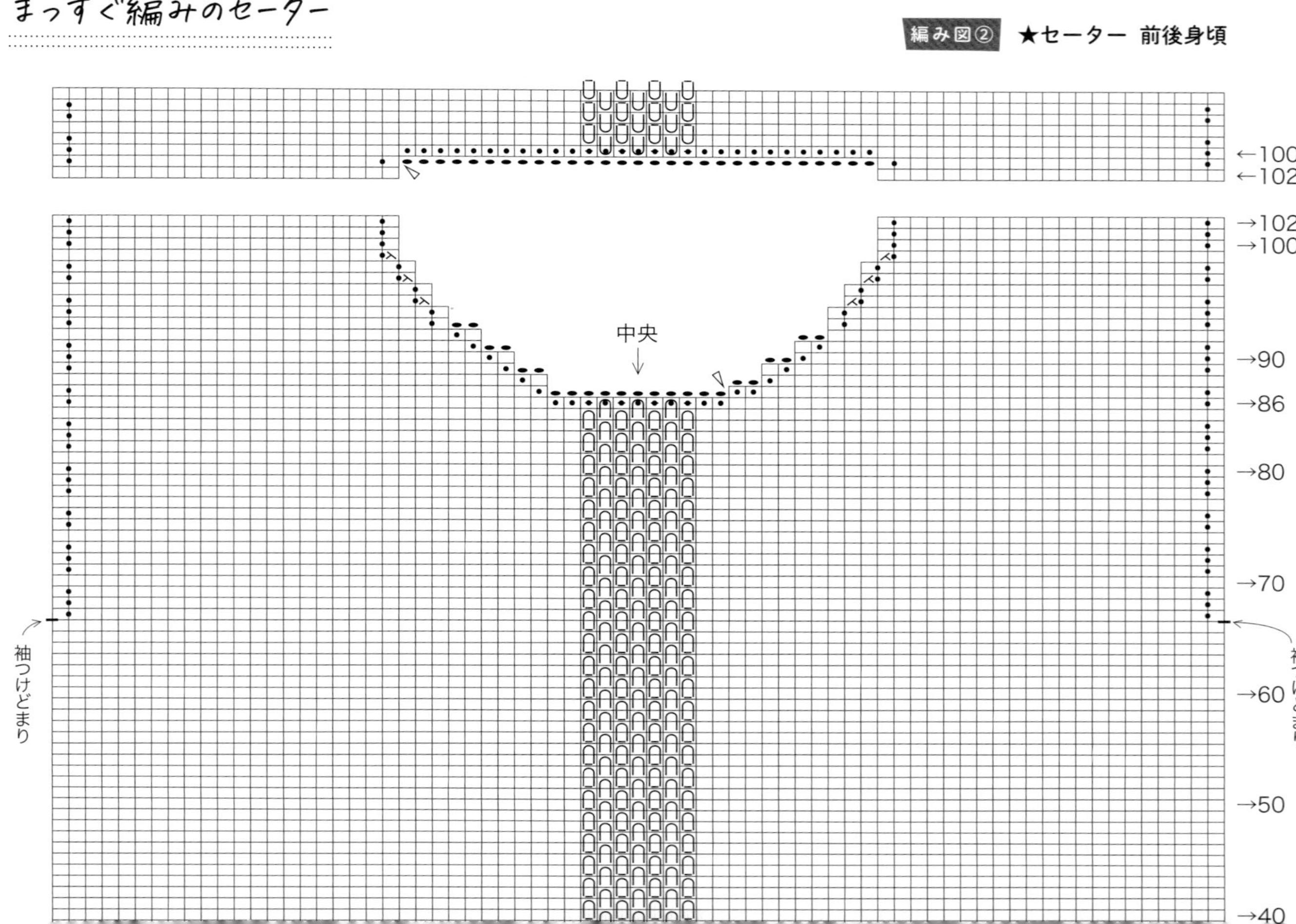

本を縦にして
見てください

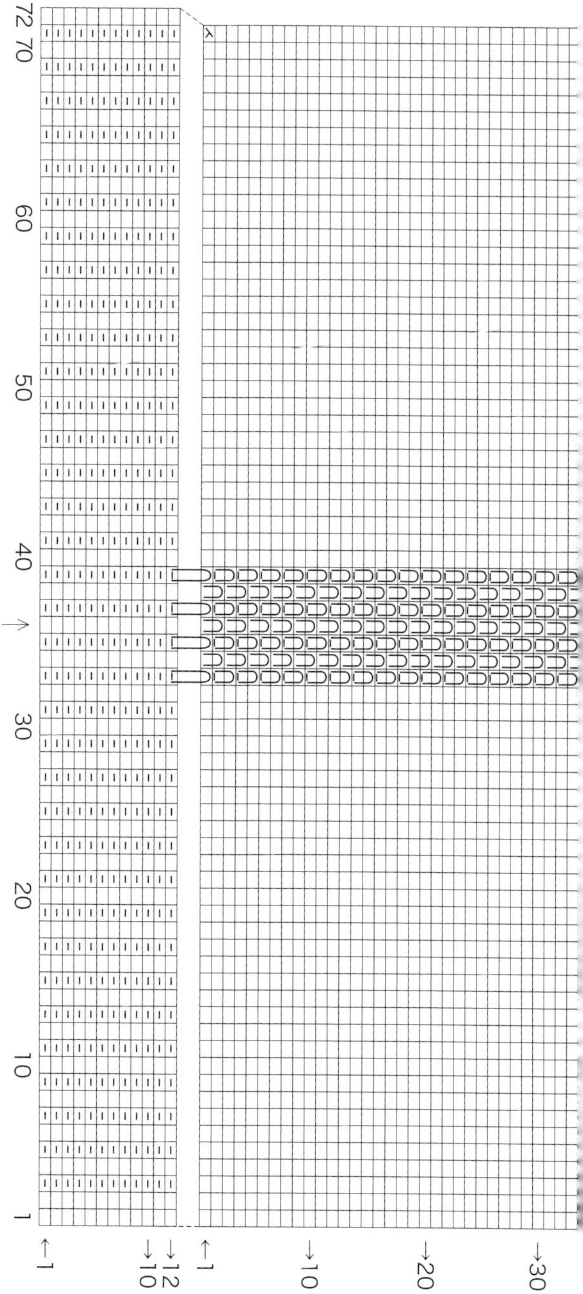

72 70
60
50
40
中央
30
20
10
1

←1 ←10 ←12 ←1 ←10 ←20 ←30

それで先生
これって
棒針ですか？
かぎ針ですか？
えっ
かんたん セーター
あの…レシピの
「使用針」をよく見て
それから
この編み図は…
本ちゃんと
見てます…？
あ、棒針か
かんたん セーター
えーと
棒針って
どうやって
編むんだっけな～
ピュ～
ちょっと
Toutube
見てみよっと～
…なんだか
大変かも
しれませんね
まぁ
やり始めたら
きっと
思い出しますよ
そういうものです
ふ～む
カラー
バリエーション
毛糸は
この写真と
同じものが
いいな
私は色を
ミントブルー
にしますー
カワイイ♡
あら！
この作品、
モヘアの糸
なんですね
…もしや編むの
難しかったり
するんですか？
ふわふわで
かわいい
ですよね～

コツをつかめば大丈夫!!
一般的なストレートの糸と比べてみましょう
アルパカ混ウール
ウール
コットン
アクリル混ウール
ウール混モヘア
あれ？なんか細い…？
そうちょっと細めの糸の芯があってそこからふわっとした糸が出ていますよね
編むときにはこの糸の芯をきちんと捉えることを意識して
それから毛羽をふんわりさせたいので、きつく編まずにゆったりめを心がけて
\OK/
\NG!/
きつすぎる
きつくとゆるくがちょっとどんな感覚か忘れているような気がしますが…
ちょうどモヘアっぽい糸があったので試しにやってみますね
早！
こんな感じで針を動かす余裕があるくらいのゆるさを心がけて
\OK/
\NG/
\はーい/

じゃあ糸が届いたら
ゴム編みから
始めておいても
いいですか？
糸はネットで
買っちゃお♡
ポイント
ポイント
いや、
ちょっと待って！
その前に
宿題を出します
宿題…!!
ゴクリ…
次回
ゲージを編んで
持ってきてください
ゲージ？
ええ、
レシピのここにも
書いてありますね
ほんとだ!!
これって
なんですか？
気づかなかった!!
使用糸：DARUMA ウールモヘヤ　ミント（色番3）
使用針：2本棒針10号、12号　4本棒針10号、12号
ゲージ：メリヤス編み　棒針12号　14目19段が10cm角
できあがり寸法：胸囲100cm、着丈58.5cm、ゆき丈67.5cm
作り方：糸は1本どりで編みます。前後身頃は一般的な作り目
ゴム編みを12段編んだら針をかえ、メリヤス編みとイギリスゴ
袖つけどまり位置に糸印をつけておきます。肩はかぶせはぎし
前後身頃から拾い目をして袖を編み、1目ゴム編みを編んでゴ
簡単にいうと
大きさの基準と
なるものです
はい…？
簡単とは…？
指定の糸と針で
ゲージを指定の大きさで編んだら
作品も指定の大きさに仕上がるよ！
という目安です
10cm×10cm
14目
19段
この作品でいうと
10センチ四方の中に
14目・19段がぴったり
おさまるということ

なんとなくわかりましたが…
編むときは10センチ四方ではなく少し大きめの13センチ四方ほどのものを編んでください
ぴったり編めるのかな…
編み地の端は安定しないので10センチ×10センチは編み地の真ん中で取るんです
だからここに書いてある目・段の数より多めに編むんですよね
へ〜
この作品なら22目くらいかな段数(高さ)も多めに13センチほどになるまで編んでおいてくださいね
わからなくなったらいつでも連絡ください
は〜い
でも先生…これまではゲージなんて作ったことなかったですよね
なんで今回だけ?
これまでは小物が多くてサイズが厳密でなくてもよかったのでパスしていたのです
めんどくさいでしょ
本当にめんどくさいですよね〜
帽子とかどうしても必要なものにはやりますけど〜
ゲージ嫌いです〜
でもウエアにはマストの第一歩なのできちんと怠りなく!
ハイ!
ビシッ

もくじ

本書の活用法

★まんがでポイントを理解する

ウエアづくりは工程が多く、考えるだけで滅入ってしまう人も多いでしょう。そこで本書では、初心者でも仕上げられる「まっすぐ編みのセーター」のデザインをfumifumi先生が考案してくれました。まんがを読みながらウエアを編み上げるポイントをつかんでみてください。なお、先にベストに取りかかりたい場合もまんがでしっかり解説していますのでぜひ参考にしてください。

●まっすぐ編みのセーターを作りたい人…Chapter 1→2→3の順にチェック
●まっすぐ編みのベストを作りたい人…Chapter 1→2→4の順にチェック

★動画で流れを理解する

「まっすぐ編みのセーター」「まっすぐ編みのベスト」「アランのセーター」の３作品の全工程をダイジェスト動画でチェックすることができます。

【動画を見る方法】

❶スマホやタブレットのQRコード読み込みアプリでQRコードを読み込む。
機種によってはカメラアプリで読み込める場合も。
❷リンク先へ遷移すれば動画を見られる。

登場人物紹介

カオリ

本書の主人公。39 歳。
WEB 制作会社に勤めている。
夫と娘の 3 人暮らし。

fumi(ふみ)先生

編み物教室を主宰する。
基本的に自作の
ニットウエアを着用。

リリコ

カオリの会社の後輩。
編み物インスタ
フォロワー数は3万人。

カオリの夫と娘

夫ノリくんはフリーの
WEBデザイナー。
娘ふーちゃんは5歳。

ナカムラさん

編み物教室に長年通う
大学院生。もうなんでも
作れるレベル。

カオリさんと一緒に
編み始めましょう。

Chapter 1

編み物の基本

ゲージ!

ゲージとは、作品を作る前に
かならず作らなければならないものです。
作り方のポイントを見ていきましょう。

動画で
\ チェック! /

まんがに登場する写真は、
わかりやすいよう
実際の作品と糸の色をかえて
編んでいます

お荷物でーす
わーい！
糸と針が届いた！
かわいい〜
フワフワ〜♡
もこもこ〜
amizon
えーっと
それでゲージね！
13センチ四方なんて
かんたんかんたん♪
ってぎゃー
ビョ〜〜ン
キャー
ふーちゃん！
やるならせめて
内側から
糸出して〜〜
あーん
えっと
内側から
糸を出す方法は…
まき
まき

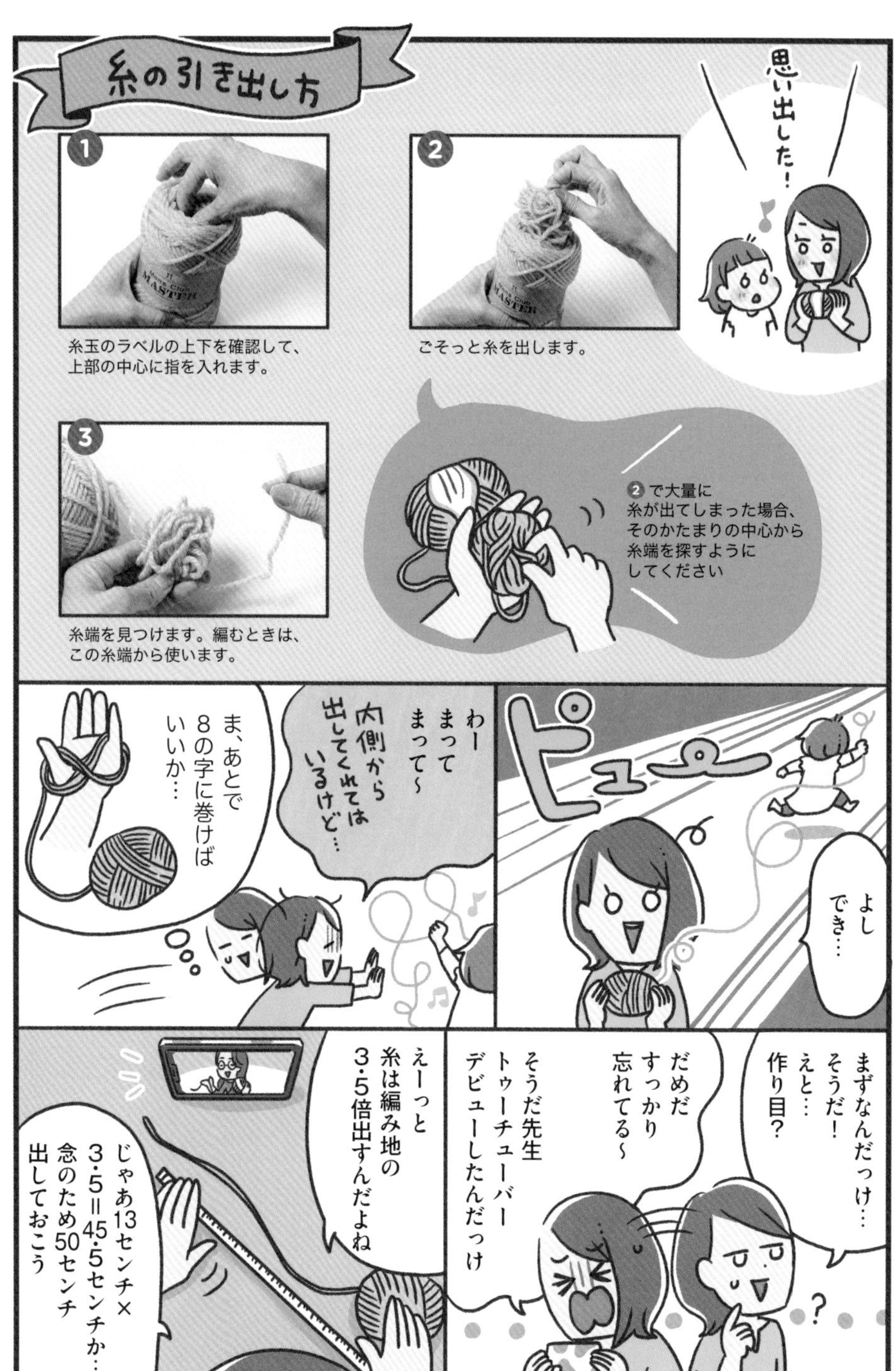
糸の引き出し方
糸玉のラベルの上下を確認して、上部の中心に指を入れます。
ごそっと糸を出します。
思い出した！
糸端を見つけます。編むときは、この糸端から使います。
❷で大量に糸が出てしまった場合、そのかたまりの中心から糸端を探すようにしてください
ピューッ
よしでき…
わーまってまって～
内側から出してくれてはいるけど…
ま、あとで8の字に巻けばいいか…
まずなんだっけ…そうだ！えと…作り目？
だめだすっかり忘れてる～
そうだ先生トゥーチューバーデビューしたんだっけ
えーっと糸は編み地の3.5倍出すんだよね
じゃあ13センチ×3.5＝45.5センチか…念のため50センチ出しておこう

棒針編み作り目の作り方

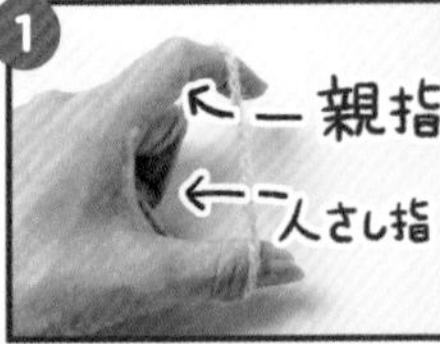

左手の親指と人さし指に糸をかけます。右手の親指と人さし指を糸の下から入れて、裏に返すようにひねり、わを作ります。

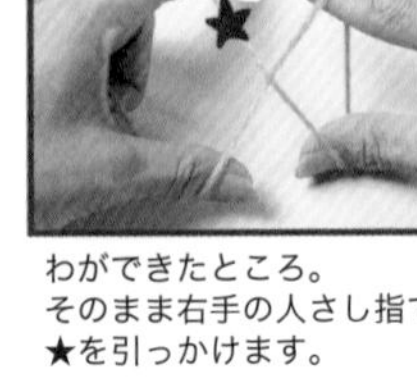

わができたところ。
そのまま右手の人さし指で★を引っかけます。

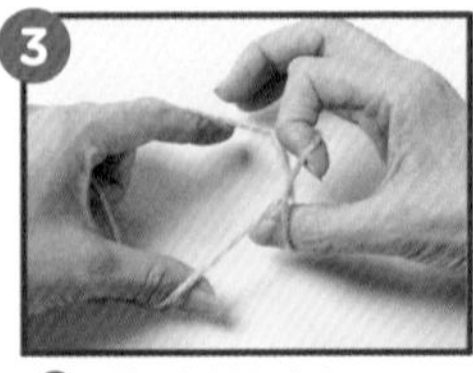

❷で引っかけたまま
わに通して引き抜くと
ループができます。

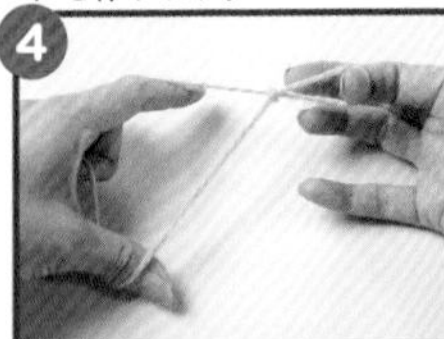

ループができたところ。

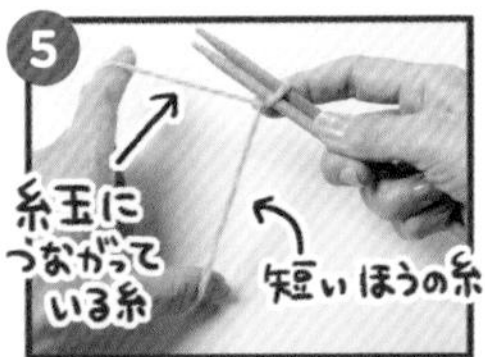

棒針を２本揃えてループに入れ、糸を引き締めます。
これで１目できました。

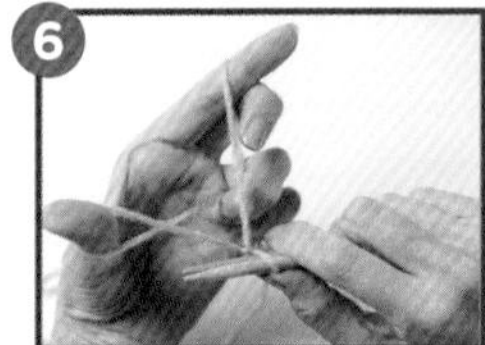

左の手首を上に返します。

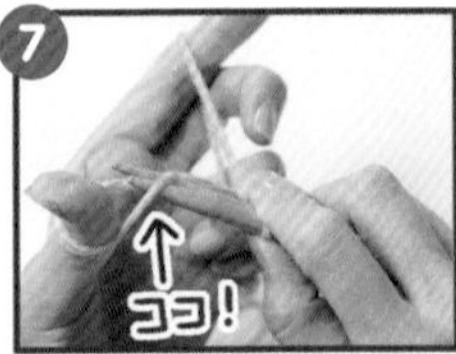

写真の位置に、
針を下から入れます。

次に奥の糸にも
針をかけます。

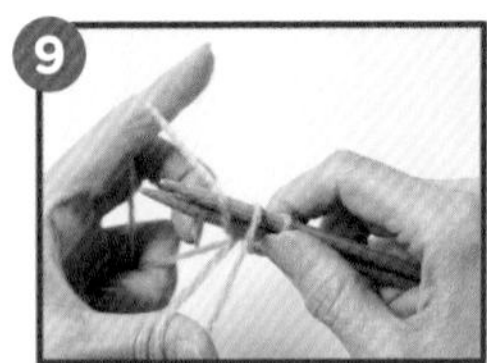

針がかかったところ。

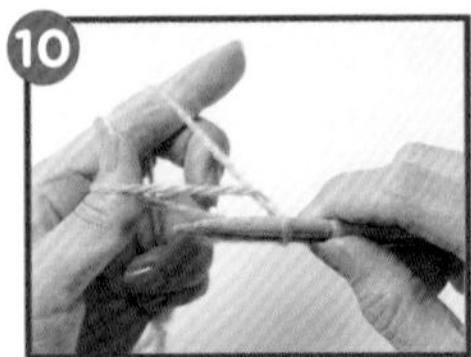

親指にかかっている
糸の間をくぐります。

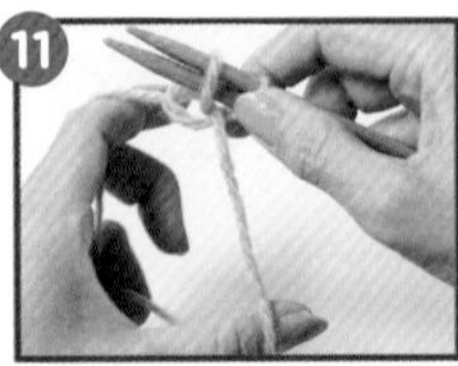

親指の糸をいったん外し、
ループを引き締めます。

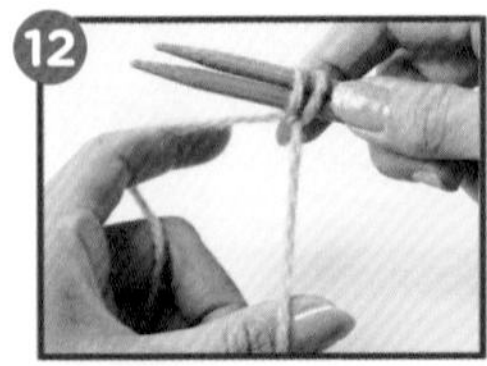

作り目が２目できました。
❻以降を繰り返し、
必要な目数を作ります。

22目くらいかな
よし！
できた！
22目
これで
1段めの完成！
え～と
あみ
あみ
22目…
でもこれって
本当に幅13センチ！
あるのかな…
ま
とりあえず
編んでみよう
え一と
針を1本抜いて
左手で持ちます
左の人さし指に
糸玉につながっている
ほうの糸をかけ
薬指と小指の間に通す…
右手でも
針を持つ
基本の持ち方
左手に
目のあるほうの
棒針
右手は
何もないほうの
棒針

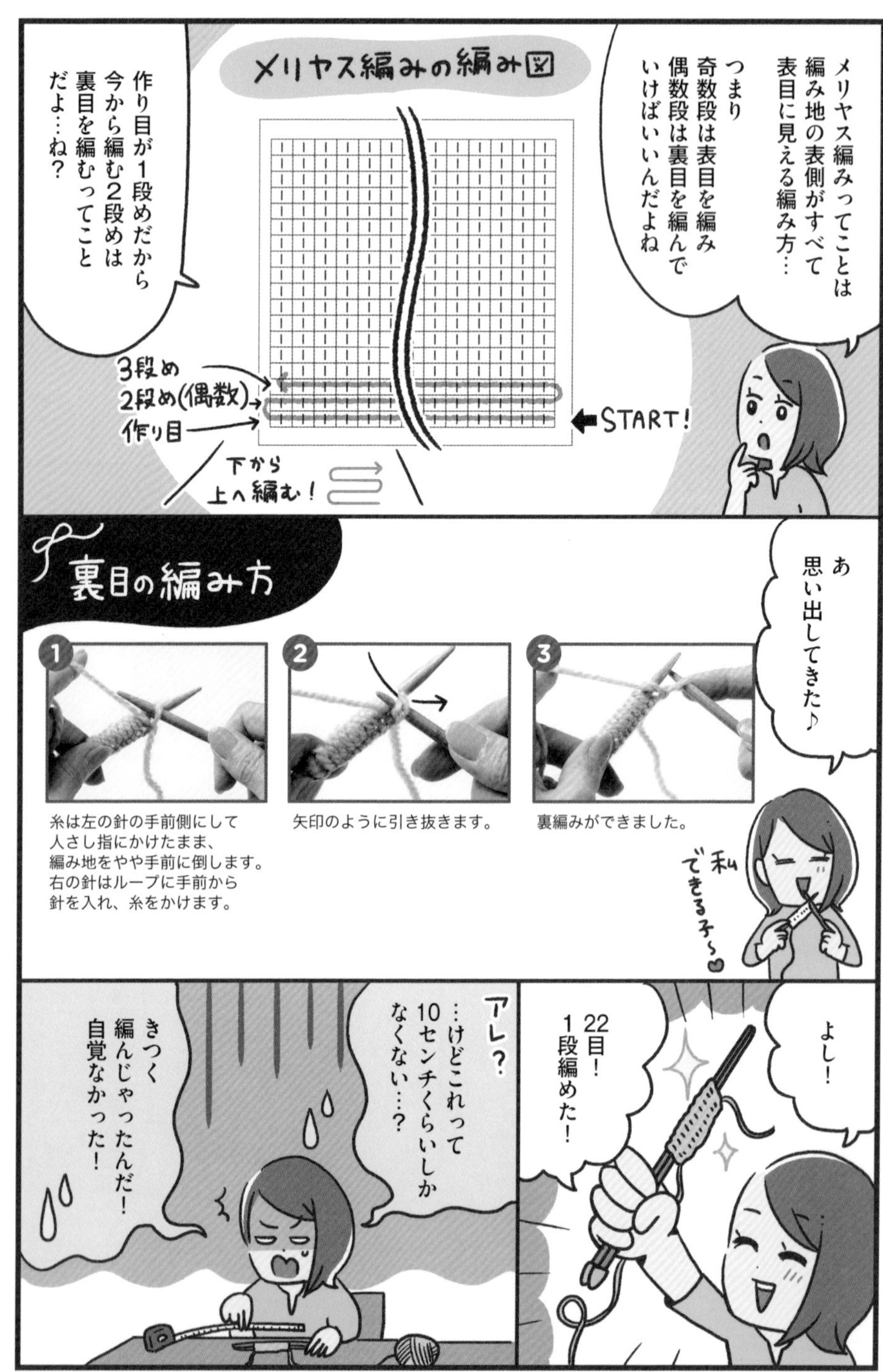

メリヤス編みってことは編み地の表側がすべて表目に見える編み方…
つまり奇数段は表目を編み偶数段は裏目を編んでいけばいいんだよね
メリヤス編みの編み図
3段め
2段め(偶数)
作り目
START!
下から上へ編む!
作り目が1段めだから今から編む2段めは裏目を編むってことだよ…ね?
裏目の編み方
1
糸は左の針の手前側にして人さし指にかけたまま、編み地をやや手前に倒します。右の針はループに手前から針を入れ、糸をかけます。
2
矢印のように引き抜きます。
3
裏編みができました。
あ 思い出してきた♪
私できる子～♡
よし!
22目! 1段編めた!
アレ?
…けどこれって10センチくらいしかなくない…?
きつく編んじゃったんだ! 自覚なかった!

わ〜ん
やりなおし〜〜
シュルルル…
ビッ
うわ〜
絡まっちゃった！
そういえば…
先生言ってたな
モヘアは
糸が絡まりやすいって
切るから〜
よし！
今度は
やさしくやさしく
ゆったり編んで…
ぶーたん
かわいい
アクセサリー
もらったよ〜
ぶーたん
（ぬいぐるみ）
うん！
さっきよりは
幅が広い！
次は3段め
奇数の段だから
表目を編もう！
ママ
がんばって〜

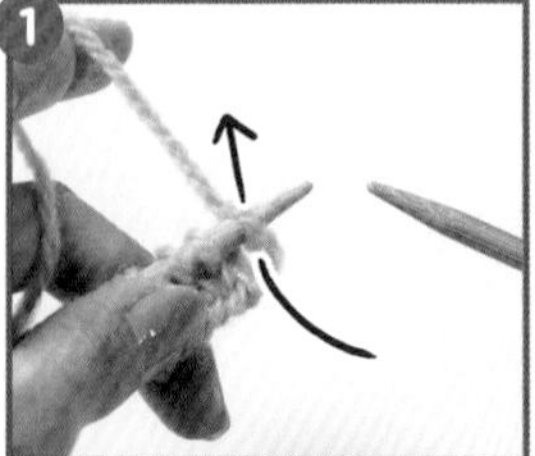

糸は針の向こう側にして
人さし指にかけ、矢印のように
右の針を左の針の右端にある
ループに入れます。

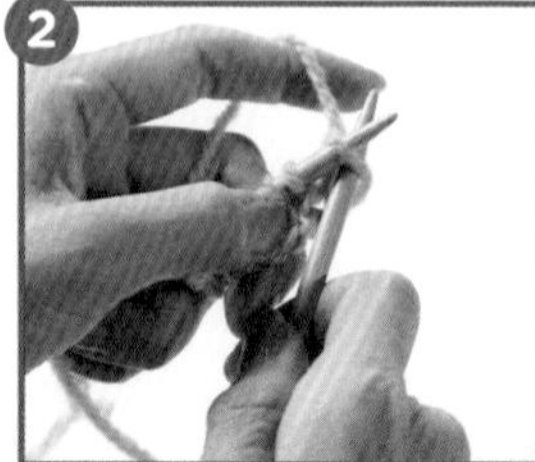

針を入れたところ。

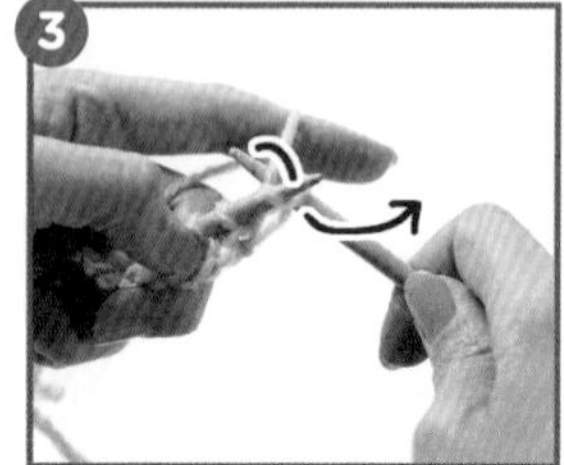

左手の人さし指にかけた糸を
右の針にかけ、引き出します。

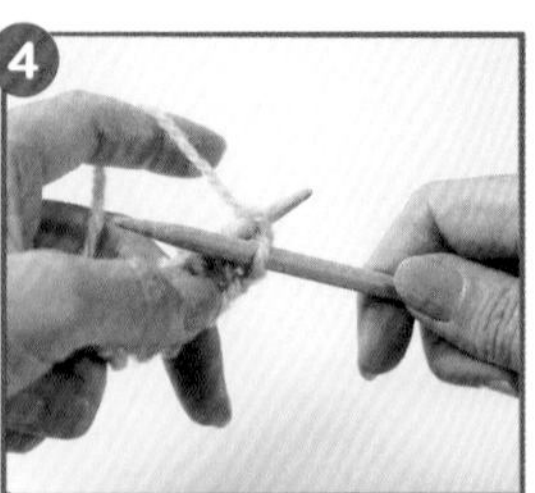

引き出したところ。

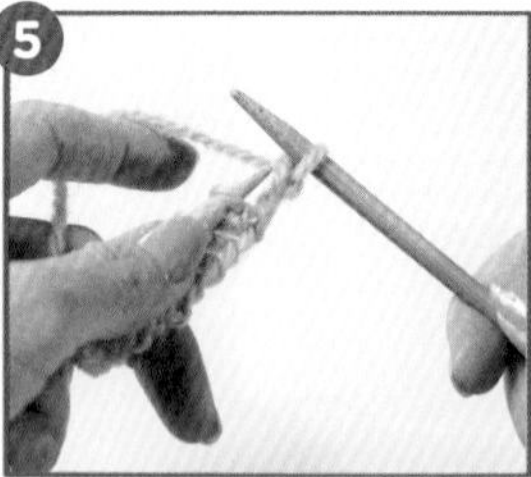

左の針からループを
１つ外します。

よーし
高さ13センチくらい
まで編めたー！
編み物教室 fumi (2)
先生！
ゲージ編めました！
既読
15:14
fumi
おつかれさまです！
では糸を通して教室に
持ってきてくださいね
15:20
ピロン
編めたはいいけど…
これで完成？
このあと
どうしたら…？
先生に
聞いてみよう
…糸を通す方法を
教えていただけますか？
既読
15:21
ピロロン♪
fumi
OK
fumi
ふむふむ…

糸の通し方
1
糸玉につながっている糸を、
編み地の幅よりやや長く
残して切ります。
2
とじ針に糸を
通します。
3
編み目のループに
2を入れていきます。
棒針は
外してしまってOK！
できたできた！
次回の教室に
持っていこう〜！
ママ〜
おえかき
しよ〜っ
いいね♪
やろっか
なに
かく〜？
くるんっ
おえかき帳

ワイ
ワイ
ゲージ
案外
早くできました
案ずるより
産むがやすし
ですね
ワイ
ん？
ワイ
リリコの
ゲージは
パリッと
してるけど
私のはなんか
丸まってるし
ふにゃふにゃ…
もしや何か失敗？
アレ？
いえいえ
合ってますよ～！
ゲージも完成したら
スチームアイロンを
かけるんです
ここで
かけちゃい
ましょ
プシュー
あ！
そうなんですね
よし！
このまま
冷めるまで
置いておけばOK
目数・段数を
確認しましょう
ピシッ
ドキドキ
うん
14目・19段！
大丈夫そうですね
よかった～
ホッ

ところで…
ゲージって一体
なんの役に
立つんですか?
これを編んだときの
力加減で編んでいけば
いいということは
わかりましたけど
手の強さなんて
毎日ちょっとずつ
変わりますよね
イライラ
してると
力が入ったり…
ギュッ
忘れちゃい
そう
ハハハ
編んでいるときに
ときどき
この編み地を
さわるんです
すると
編み地のやわらかさを感じられ
力加減もおのずと
調整されるみたいです
さわさわ
え 本当ですか!?
信じる者は
救われる的な…?
科学的なことは
わかりませんが…
まあ編み物の
世界ではずっと
受け継がれている
方法ですね
ではいよいよ
本番ですよ
これから
セーターを
編んで
いきましょう
\は〜い/

もっと知りたい Q&A

Q 材料のグラム数にゲージ分の分量は含まれていますか？

A いいえ 通常含まれていません

本に記載されているグラム数は作品を編むために必要な分量です。ほとんどの場合、糸始末に使う分量など、少し多く記載されていますが、太い糸は足りなくなる可能性も。ゲージ用に1玉プラスするか、足りなくなったときに買い足せるようにラベルは必ず取っておきましょう。

Q 作り目で、指定の幅より少し大きかったのですが、編み進めていくうちに指定通りになりました

A 作り目の時点では正しい幅にはなりません

作り目の幅はゲージとは異なります。棒針にかかった作り目の幅を測っても正確ではありません。まだ編み地になる前だから、長かったり短かったり糸によっても変わります。まんがにある通り、ゲージを測るときは実際に編む糸で13㎝角くらいに編み、編み地の真ん中を測ってレシピと同じ目数・段数になるかを確認してくださいね。

Q ゲージっていつまで保管しておけばよいのですか？

A 作品を作り終わるまで！

ゲージは作品ができあがるまで取っておいてください。途中で手加減が変わっていないかの確認はもちろん、最後のとじ糸分が足りない…！なんてときに、ほどいてスチームアイロンをかければ元通り。ＳＤＧｓにも役立つんです。

原寸大のゲージ

ご自分で作ったものと比較してください

「まっすぐ編みのセーター」

※「まっすぐ編みのベスト」も同じゲージです。

Chapter 2

パーツを編む！

セーターは、パーツを組み合わせて作ります。
さっそく編み始めましょう。

動画でチェック！

ではいよいよ
編み始めましょう
あの
セーターって
いろいろたくさん
編まなくちゃ
ならないですよね
ココ？
ココ？
ココ？
まずどこから
編むんですか？
いい質問ですね
その前に
各パーツを
説明して
おきましょう
衣服のパーツ
衣服の各パーツの名称です
ご存じと思いますが
念のためのおさらいです
えり
襟
まえみごろ
前身頃
そで
袖
うしろみごろ
後ろ身頃
も、もちろん
知ってますよ〜

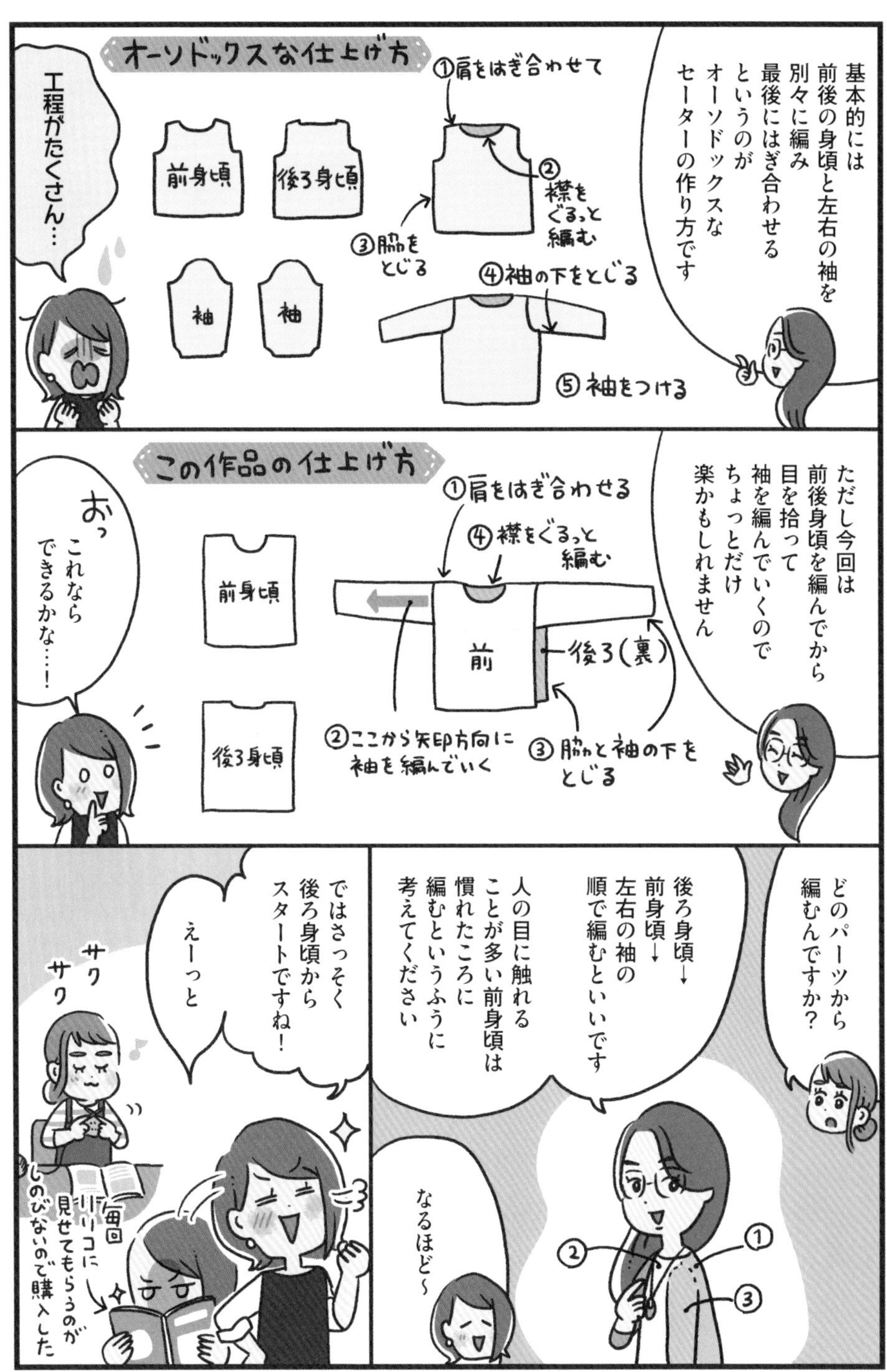
基本的には
前後の身頃と左右の袖を
別々に編み
最後にはぎ合わせる
というのが
オーソドックスな
セーターの作り方です
オーソドックスな仕上げ方
①肩をはぎ合わせて
②襟をぐるっと編む
③脇をとじる
④袖の下をとじる
⑤袖をつける
前身頃
後ろ身頃
袖
袖
工程がたくさん…
ただし今回は
前後身頃を編んでから
目を拾って
袖を編んでいくので
ちょっとだけ
楽かもしれません
この作品の仕上げ方
①肩をはぎ合わせる
④襟をぐるっと編む
前
後ろ（裏）
②ここから矢印方向に袖を編んでいく
③脇と袖の下をとじる
前身頃
後ろ身頃
おっ
これなら
できるかな…！
どのパーツから
編むんですか？
後ろ身頃→
前身頃→
左右の袖の
順で編むといいです
人の目に触れる
ことが多い前身頃は
慣れたころに
編むというふうに
考えてください
①
②
③
なるほど〜
ではさっそく
後ろ身頃から
スタートですね！
えーっと
サク
サク
毎回リリコに見せてもらうのがしのびないので購入した

15c (21目)
20c(29目)
15c (21目)
1c (2段)
29目伏目
後ろ身頃
(12号針)
袖つけどまり
メリヤス編み
*
メリヤス編み
19c (36段)
34.5c (66段)
(-1目)
(32目)
(7目)
(32目)
(10号針)
1目ゴム編み
5c (12段)
50c(72目作る)
15 (21目)
20c(29目)
15 (21目)
8.5c (16段)
4段平
2-1-3
2-2-3
段目回
10.5c (20段)
11目伏せ目
前身頃
(12号針)
袖つけどまり
メリヤス編み
*
メリヤス編み
(-1目)
(32目)
(7目)
(32目)
(10号針)
1目ゴム編み
50c(72目作る)
*イギリスゴム編み
これが身頃の製図でしたね
編み方や段数、目数、寸法が
ざっと見られるように
なっています
フムフム
そしてこっちが
編み図ですね
前後身頃
共通の編み図です
襟元に少しちがいが
あるだけなので
こうやって編み図が
兼用されることも
よくあります
紙面をなるべく
効率化したい
出版側の事情も
ありますよね
それで
図がちがう箇所だけ
別の編み図が
載っているんですね
うーん
大丈夫かな…
この図だと
上下逆に
なっているから
くるっと
180度回転
こうやって
見ると
わかりやすい
ですよ
99段めまでは
前身頃の図を参考に編んで
100段めからは
この図にしたがって
編んでいきましょう
ひゃく…
はーい

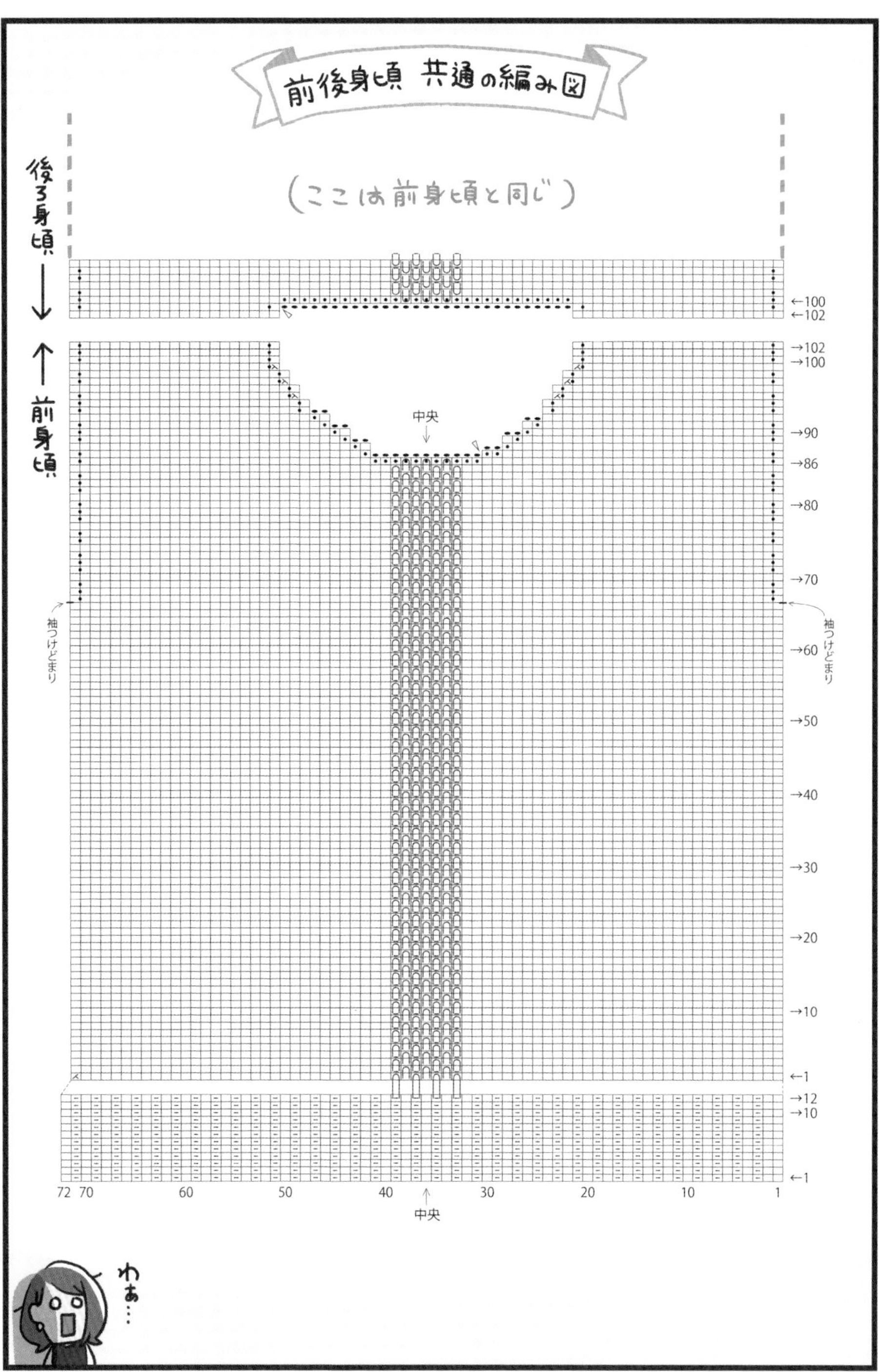
前後身頃 共通の編み図
後ろ身頃
(ここは前身頃と同じ)
前身頃
中央
←100
←102
→102
→100
→90
→86
→80
→70
袖つけどまり
→60
→50
→40
→30
→20
→10
←1
→12
→10
←1
72 70
60
50
40
30
20
10
1
中央
わぁ…

では
さっそく
編んでみます
後ろ身頃から！
スタート
下から
上へ
キ
はい！
下から順に
読んでいって
くださいね
針の号数にも
気をつけて！
本当だ
この1目ゴム編みの部分は
10号なんですね
他は12号なのに
なぜ？
この1目ゴム編みは
いわゆる裾にあたる部分です
針の号数を小さくすることで
ゴム編みがきれいに
仕上がるんですよ
(32目)
(7目)
(32目)
(10号針)
1目ゴム編み
50c(72目作る)
な
なるほど…
たいていレシピに
記載がありますから
その通りに
まずは
指で作る作り目…
これはゲージを
作ったときと
おんなじだから
できる！
それにしても
72目〜！
がんばろう
おーっ
あみあみあみ…
で…
ジャン
よっしゃ〜っ
できた！！
作り目72目！
フフフ
カオリさんの
そのテンション
久々でなんか
うれしいです

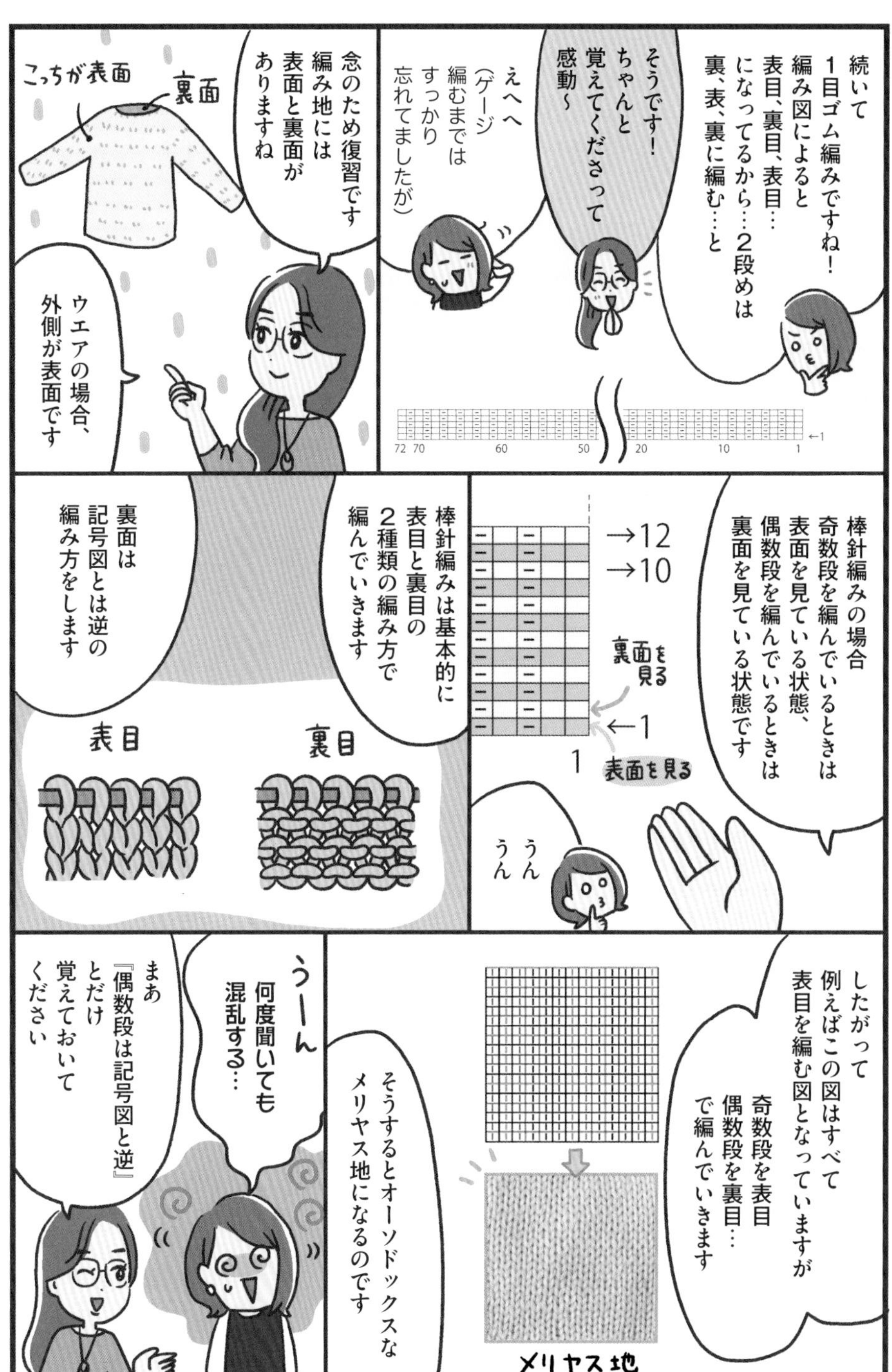
続いて
1目ゴム編みですね！
編み図によると
表目、裏目、表目…
になってるから…2段めは
裏、表、裏に編む…と
そうです！
ちゃんと
覚えてくださって
感動～
えへへ
(ゲージ
編むまでは
すっかり
忘れてましたが)
72 70 60 50 20 10 1
←1
念のため復習です
編み地には
表面と裏面が
ありますね
こっちが表面
裏面
ウエアの場合、
外側が表面です
棒針編みの場合
奇数段を編んでいるときは
表面を見ている状態、
偶数段を編んでいるときは
裏面を見ている状態です
→12
→10
裏面を見る
←1
1
表面を見る
うん
うん
棒針編みは基本的に
表目と裏目の
2種類の編み方で
編んでいきます
裏面は
記号図とは逆の
編み方をします
表目
裏目
したがって
例えばこの図はすべて
表目を編む図となっていますが
奇数段を表目
偶数段を裏目…
で編んでいきます
メリヤス地
そうするとオーソドックスな
メリヤス地になるのです
うーん
何度聞いても
混乱する…
まあ
『偶数段は記号図と逆』
とだけ
覚えておいて
ください

では作品に戻って
ゴム編み12段
がんばって
編んでくださいね
はぁい
えーと…
ピタ
キャーッ
わっどした!?
段の途中で
糸が終わって
しまいました
いけると
思ったのに…
ガックリ
?
あるある
ですね…
残念…
トホホ…
段の始めまで
ほどきます
シュルル～
段の途中よりも
端でかえたほうが
糸始末のときに
きれいに
仕上がります
からね
糸始末については
また追って
説明しますね
へー
糸のかえ方
1
元の糸端と、新しい糸端を
一緒に右手に持ちます。
2
通常通り、左針のループに右の
針を入れ、新しい糸だけを
右の針にかけて引き抜きます。
3
ループから
引き抜いたところ。
左針のループは外します。
4
そのまま新しい糸で
編んでいきます。
元の糸は、その都度
処理をしてもいいし、
あとからまとめて
行ってもOK！
糸のかえ方は
こうです

模様にもよりますが
1段で
編み地の幅の
4倍くらい
糸を使うので
糸が少なく
なってきたら
気にしながら
編むといいですよ
×4の長さ！
グスン
はーい
……
よし!!
ゴム編み
12段編めました！
表
裏
おぉ〜
きれい
ですよー！
ちなみに
編み図で
示されている段数は
ここでいったん
リセットされます
次からは
本体の段数を
カウントしていくので
注意してください
次の段のここが
本体の
「1段め」ですね！
えーと
メリヤス編みが
32目
イギリスゴム編み
とやらが
7目
メリヤス編み
32目…
その通りです〜
ムム…
イギリスゴム編みって
何ですか？
っていうか何ですか
この記号！
フクザツ!!
どのへんがイギリス？
まあまあ
そこまで編めたら
やり方教えますから

とりあえず メリヤス編みの 32目を編みます…
奇数段なので 表目ですね
編めました～
ジャン
はい そうしたら イギリス ゴム編みですね
ふしぎな 記号ですね～
魚のうろこみたい
難しく感じるかも しれませんが あくまで「ゴム編み」と 思ってもらえれば 理解しやすいかと!
……
(ホントかな…)
この記号は2段分に またがっていますよね
なので、2段とも 作業が必要になるので注意ですよ
記号自体は 「引き上げ編み」と いいます
2段め→
1段め→
1段だけでは 終わらないんですね…
うげっ
声小さっ
難しそう…
これを続けて 編むことで イギリスゴム編みに なります
しおしお
元気出して

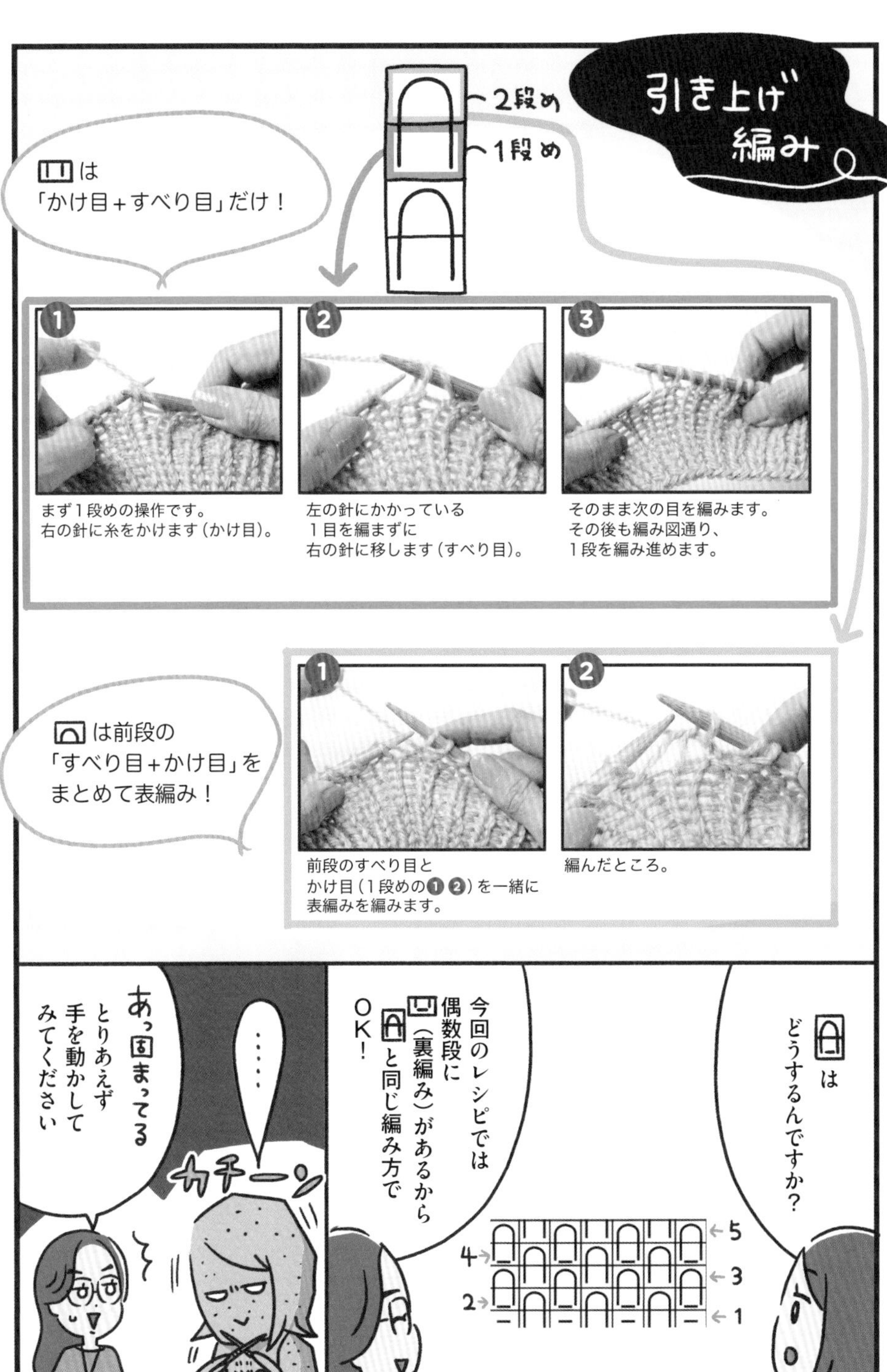

引き上げ編み
2段め
1段め
は「かけ目+すべり目」だけ！
まず1段めの操作です。
右の針に糸をかけます（かけ目）。
左の針にかかっている
1目を編まずに
右の針に移します（すべり目）。
そのまま次の目を編みます。
その後も編み図通り、
1段を編み進めます。
は前段の「すべり目+かけ目」をまとめて表編み！
前段のすべり目と
かけ目（1段めの❶❷）を一緒に
表編みを編みます。
編んだところ。
はどうするんですか？
今回のレシピでは偶数段に（裏編み）があるからと同じ編み方でOK！
5
4
3
2
1
……
カチーン
あっ固まってる
とりあえず手を動かしてみてください

これはなんですか…？
下のゴム編みは普通に編んじゃったけど…
？
説明が難しいですが…
なので「かけ目＋すべり目」でOKですよ
ゴム編みは普通に編んで大丈夫
ではかけ目＋すべり目、表目、かけ目＋すべり目、表目、かけ目＋すべり目、表目、かけ目＋すべり目ですね？
1段め…
そうです！
できた!!
できない
じゃあカオリさんはふつうのゴム編みでもいいですよ
レシピあげます
情けない…
でもラッキー
そのあとは表編みを31目そして…
左上2目一度ですね
左上２目一度
1
2
3
段の終わりの最後２目を残したところまで編みます。
最後の２目に右の針を一度に入れ、表編みを編みます。
左上２目一度が編めました。１目減りました。
＼ちなみに…／
右上２目一度
1
2
3
１目めは表編みの要領で針を入れてそのまま右の針に移し、２目めは表編みを編みます。
１目めに左の針を入れ、２目めにかぶせて針から外します。
右上２目一度が編めました。１目減りました。

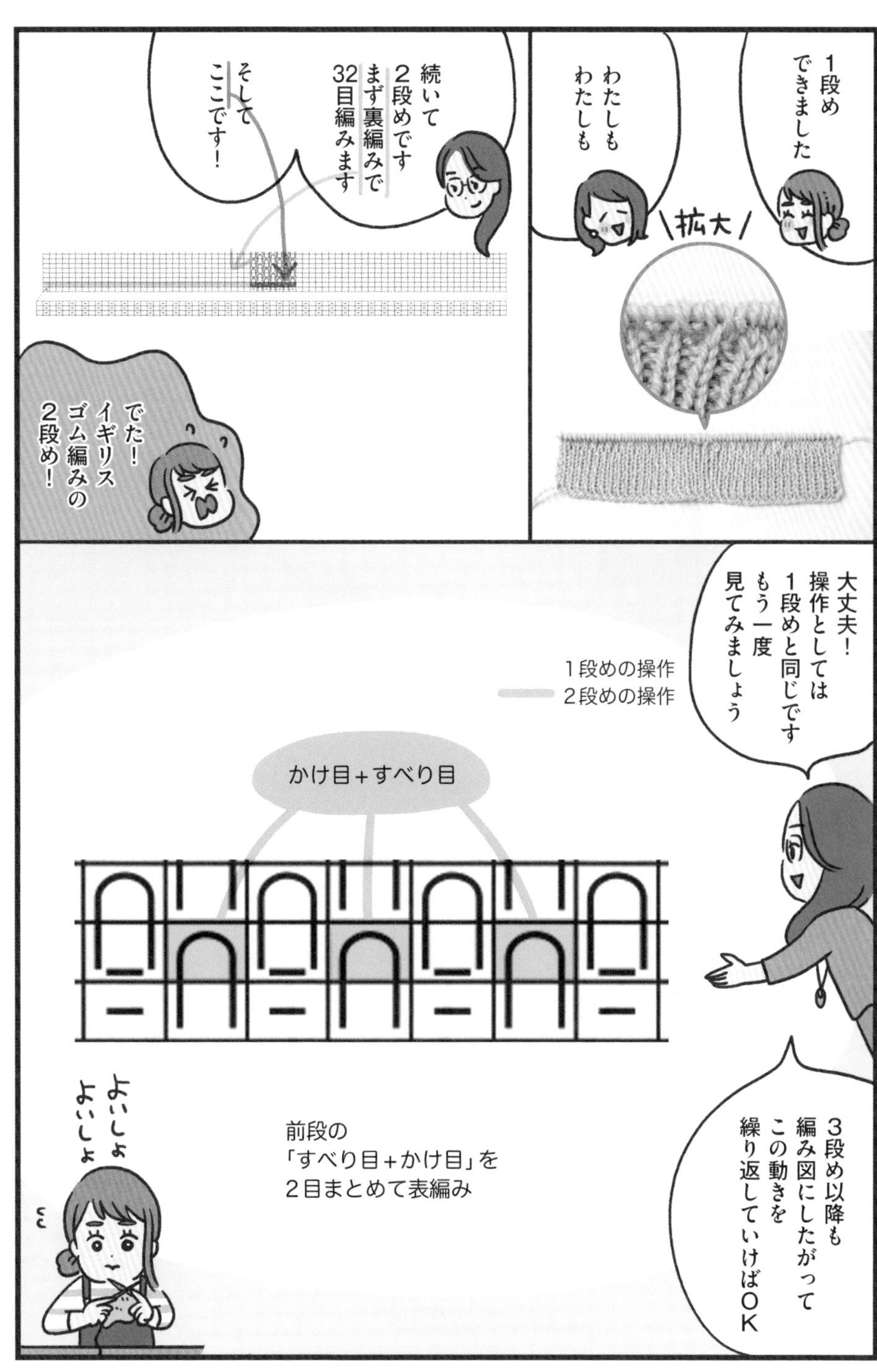

1段め できました
わたしも わたしも
拡大
続いて 2段めです まず裏編みで 32目編みます
そして ここです!
でた! イギリスゴム編みの 2段め!
大丈夫! 操作としては 1段めと同じです もう一度見てみましょう
1段めの操作
2段めの操作
かけ目+すべり目
前段の
「すべり目+かけ目」を
2目まとめて表編み
3段め以降も 編み図にしたがって この動きを 繰り返していけばOK
よいしょ よいしょ

こうですか？
そうです！
上手 上手
なるほど この繰り返し ですね
できるかな
それにしても イギリスゴム編みと ふつうのゴム編みの ちがいって 何なんですか？
比較して みましょう
今回リリコさんに お教えした 『イギリスゴム編み』の 編み地です 編み地が ふかふかして いるんですよ
イギリスゴム編み
カオリさんが 編んでいる ふつうのゴム編みは こういう編み地に なりますね
今回は裾にも 編んでいます
ゴム編み

さあ！
編み方が
わかったから
後ろ身頃は
できたも同然！
後ろ身頃？
え？
あれ!?
どうしましたか？
あの…先生
サー
私が見ていたのは
前身頃の編み図だった
みたいで…
襟が
丸い…
大丈夫！
問題ないですよ
上部分が後ろ身頃の
編み図になっています
前身頃の編み図を
参考にして本体の
99段めまで編んだら
後ろ身頃の編み図を
見ればOK
後ろ身頃
前身頃
後ろ身頃の編み図は
上下逆になっているので
要注意ですね
はっ
そういえば
最初に
説明されてました！
フフ
とりあえず
100段めまで
編んでみてください
ホッ
その時にならないと
しっかり理解できない
ですよね
100段めにある
この●はどうしたら
いいですか？
これはまたあとで
紹介するから
無視して大丈夫！
それから、
編み図の66段めには
袖つけどまりの
位置が示されて
いますよね
袖つけどまり
ここの段に
糸印をつけることを
お忘れなく！
糸印を
結ぶ
はぁい

3週間後
できました〜！
OK！
では101段めから
編んでいきましょう
編み図は
わかりやすいよう
上下回転して
見るといいですよ
くるっと
21目めまでは
メリヤス編みですね
奇数段なので
表を見ながら編みます
表編みを21目
編んでください
回転した図
はい！
できた！
えーと
次は
伏せ目ですか？
まあまあ
そんなに慌てずに
この記号に
注目してください
さんかく
ですね
はい
これは
「糸をつける」
記号なんです
= 糸をつける
え、
どういう
ことですか？
肩は一度に
編めないので
左右それぞれ
仕上げていきます
まずは右肩を
編んでいくので…
？？？

糸をつけて伏せ目〜
左肩を編む
こんなイメージなのですがわかりますか…？
ふむ…（わからん）
先に右肩を最後まで編んでしまいます そのあと 伏せ目を開始するところに糸をつけて左肩を仕上げるんです
4本針の使っていなかった1本を使いますよ
やっと出番だ！
次は右肩の102段めを編むんですね
偶数段だから裏編みで21目!!
終わりました！
OK！では右肩は休ませておきましょう
休ませる…？
ね〜むれ〜
Zz…
編まずに置いておくってことです
目には余っている棒針やほつれ止めクリップ余り糸などを通しておくとよいでしょう
糸はこの幅の約4倍の長さを残して切ってください

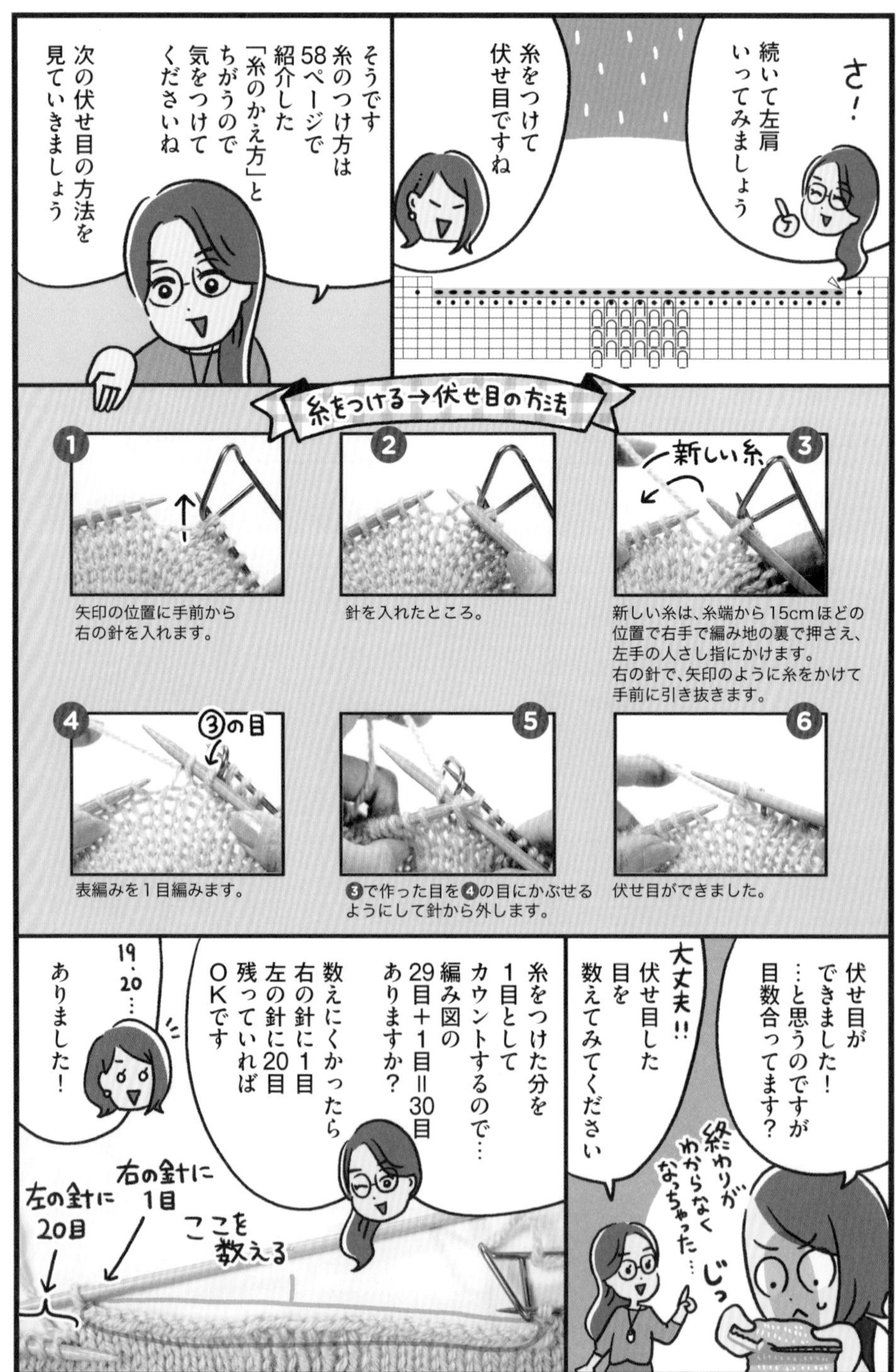

1 矢印の位置に手前から右の針を入れます。

2 針を入れたところ。

3 新しい糸は、糸端から15cmほどの位置で右手で編み地の裏で押さえ、左手の人さし指にかけます。右の針で、矢印のように糸をかけて手前に引き抜きます。

4 表編みを１目編みます。

5 ❸で作った目を❹の目にかぶせるようにして針から外します。

6 伏せ目ができました。

伏せ目が終わったら
101段めの続きですね
表編みで21目、と
じっ
102段めも
裏編み21目で
完成です!
左肩も
目を休ませて
おいて
くださいね
私の目も
休ませたい…
シパ
シパ
できた!!
ジャン
じゃ、
アイロンかけましょ!
パーツができあがる
たびにアイロンを
忘れずにね
シュワー
けど
イギリスゴム編みを
あきらめたにもかかわらず
後ろ身頃だけで
1カ月もかかっちゃった~
これ最後まで編むのに
何カ月かかっちゃうんだろ…
大丈夫
大丈夫
前身頃は
後ろ身頃とほぼ一緒ですから!
袖も難しいデザインじゃないし!
前身頃の肩に入る
前まで編めたら
また来ます……
なんかそこからまた
難しそうなんで…
わかりました
がんばって!
フレフレ

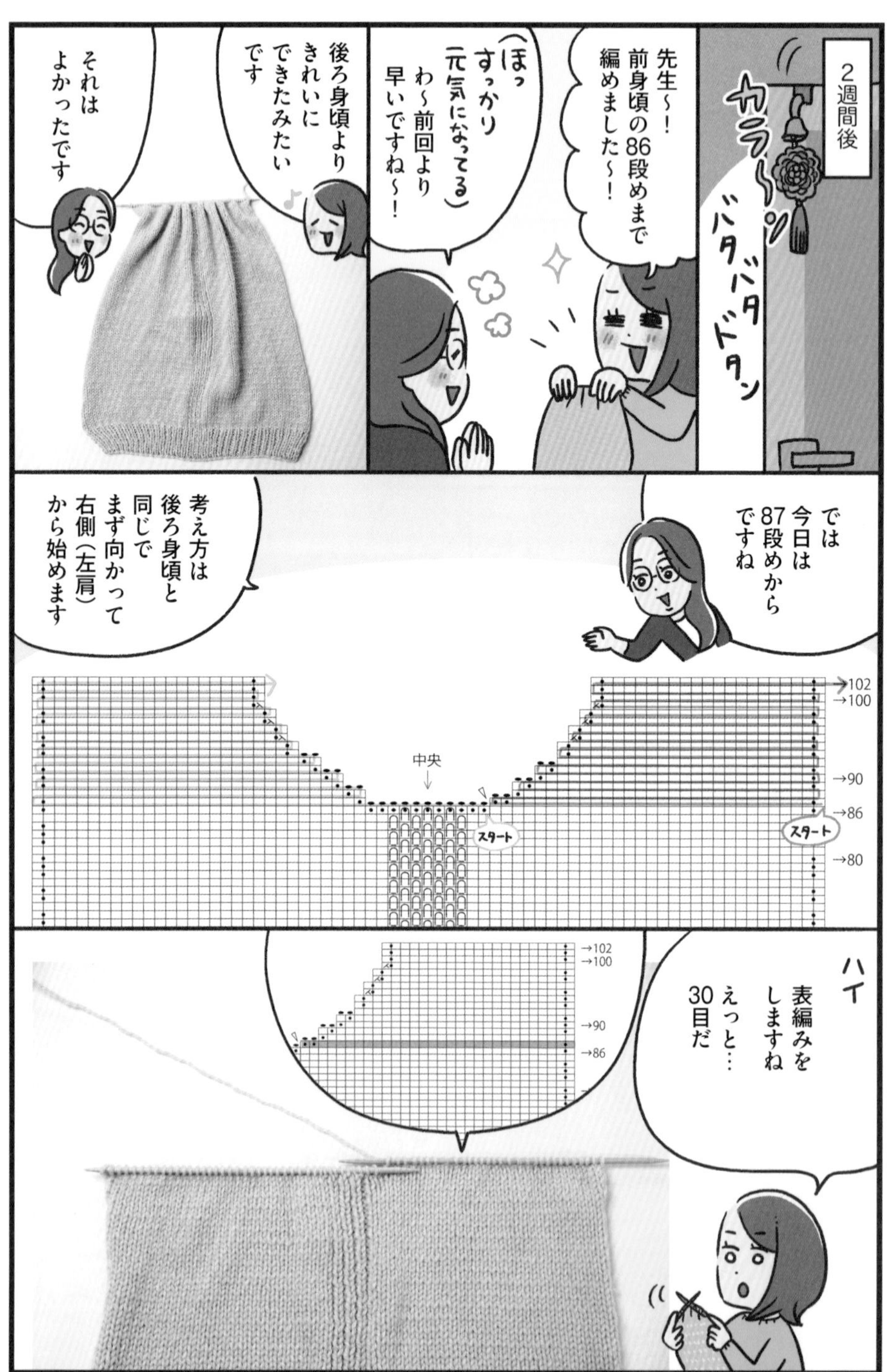
2週間後
カラ～ン
バタバタ
ドタン
先生～！
前身頃の86段めまで
編めました～！
わ～前回より
早いですね～！
（ほっ
すっかり
元気になってる）
後ろ身頃より
きれいに
できたみたい
です
それは
よかったです
では
今日は
87段めから
ですね
考え方は
後ろ身頃と
同じで
まず向かって
右側（左肩）
から始めます
中央
スタート
スタート
→102
→100
→90
→86
→80
ハイ
表編みを
しますね
えっと…
30目だ
→102
→100
→90
→86

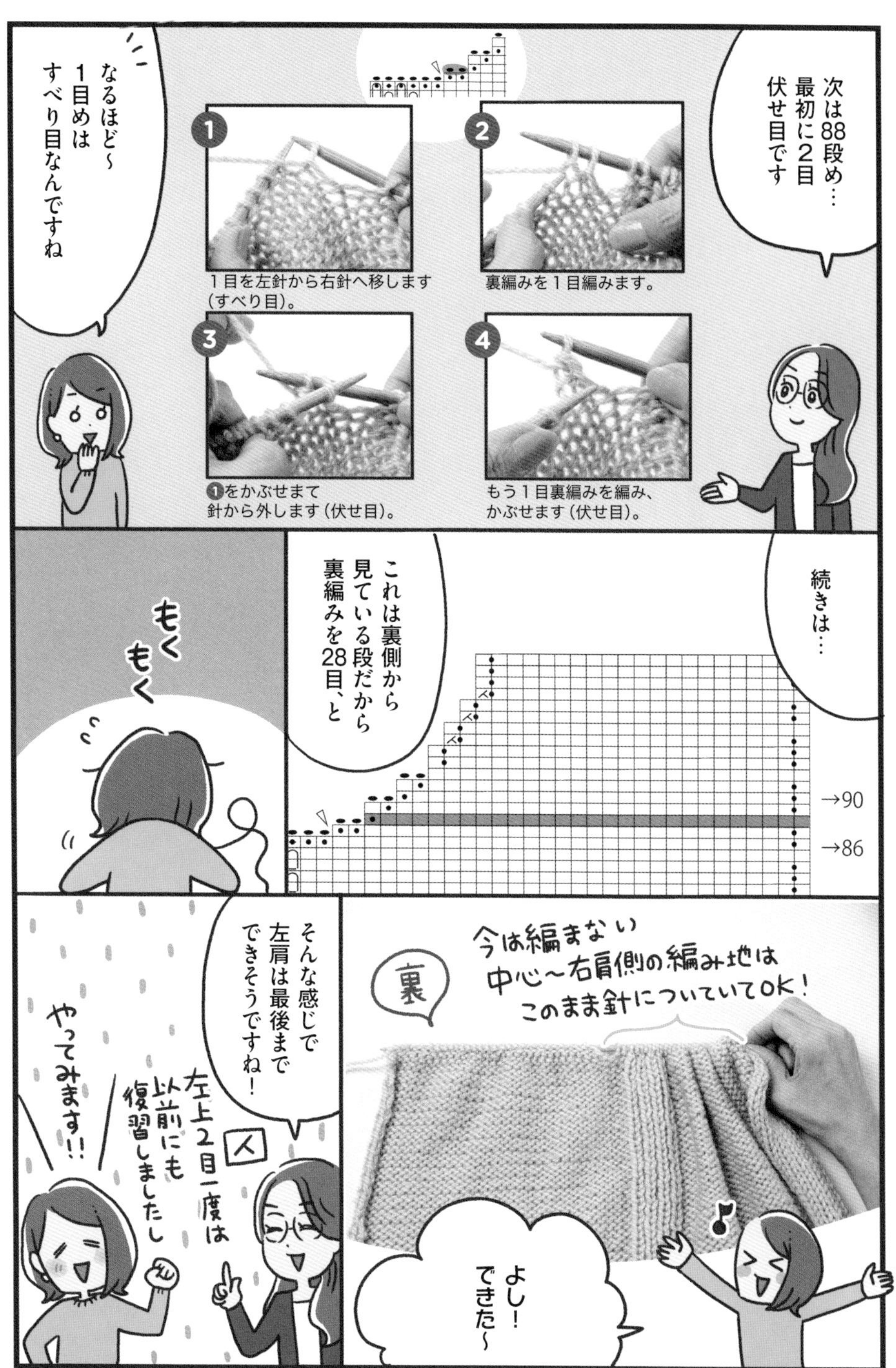
次は88段め…
最初に2目
伏せ目です
なるほど～
1目めは
すべり目なんですね
1目を左針から右針へ移します（すべり目）。
裏編みを1目編みます。
❶をかぶせまて
針から外します（伏せ目）。
もう1目裏編みを編み、
かぶせます（伏せ目）。
続きは…
これは裏側から
見ている段だから
裏編みを28目、と
→90
→86
もく
もく
今は編まない
中心～右肩側の編み地は
このまま針についていてOK！
裏
よし！
できた～
そんな感じで
左肩は最後まで
できそうですね！
左上2目一度は
以前にも
復習しましたし
やってみます!!

できました！
前身頃も後ろ身頃と
同じく
目を休ませて
おくんですね！
キラッ
そうです～
いやに
てきぱき
してるな…
続いて左側！
まずは87段めの
伏せ目から！
中央
サクサク
サク
できた！
そして
表目を30目…
ん？
どうしました!?

伏せ目をする段が左右対称ではないんですね
ム…
仕上がりもずれちゃうのでは？
左肩は88段め右肩は89段めから1段おき…
→102
→100
中央
→90
→86
よく見ていますね!!
複数の目を減らす（減目する）場合段の始めでしかできないのです
でも作品全体ではわずかな差なので気にしないでいいですよ
1目だけを減らす左上2目一度（入）・右上2目一度（人）は段の始めじゃなくてもできますが
なるほど!!
では気にせず編みます！
で…
できた〜〜
おめでとうございます〜！
アイロンアイロン

いや〜
できましたね〜
フィ〜
カオリさん
なんか
終わった雰囲気
出てません？
まだ袖が
残ってますよ
フフ…
フフフ
先生
私いいこと
思いついたんです！
キラッ
なんで
しょうか…
イヤな予感…
これ…
袖は編まないで
ベストに
しちゃいます！
パンパカ
パ〜ン
えっ
だってだって
本当に袖まで
編むのが難しくて…
それに先生
もうすぐ12月！
袖を編んでたら
春になっちゃいますよ！
セーター
着られないですよ
ねっ
ねっ
え…
え——と
わかりました…
ベスト用に
はぎ合わせの方法
考えますね
ガクッ
くれぐれも
ほかの作品では
行わないように…
先生
神!!
ありがとう
ございます!!
やった——っ

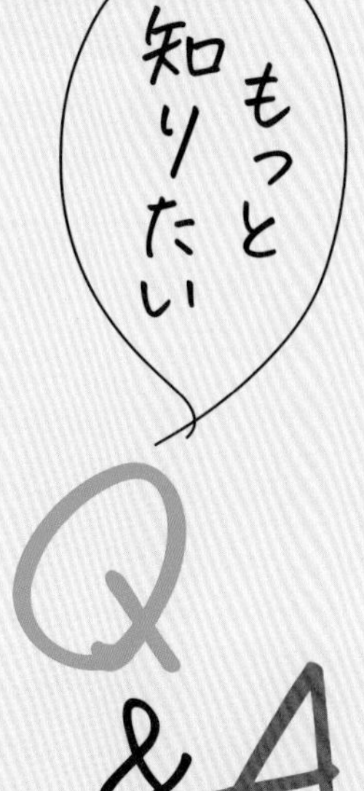

Q 糸始末の方法をおしえて！

A とじ針に糸を通して糸端を始末します

編み上がったら糸始末用に10㎝くらい糸端を残して切り、とじ針に糸を通します。編み地の裏側で縦方向に、表にひびかないようにとじ針ですくって糸始末をします。最後は編み地を切らないように注意しながら糸の根元で切ります。

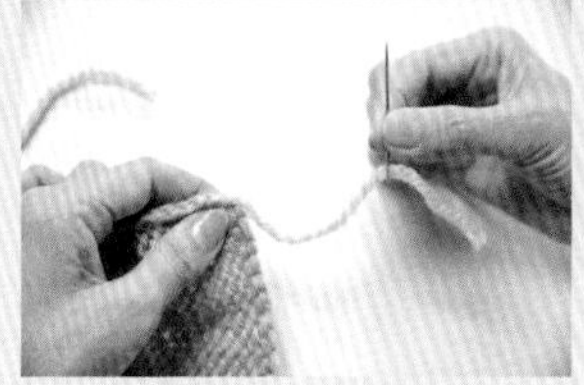

1 編み地を裏返し、とじ針に糸を通します。

2 表にひびかないようにすくいます。

3 返し縫いの要領で逆方向にすくいます。糸は編み地ギリギリの位置で切ってOK。これで糸始末は完了です。

ちなみに…

糸が短くなってしまったら先に編み地に針を刺してから、糸を針穴に通します。

もっと知りたい Q&A

fumifumi 先生の収納インテリア例

Q 余った糸や資材の保管方法を知りたいです

A しまいこまないことが重要

毛糸は色系統別に一着分の分量をまとめて〝見えるところに〟置いておくことを心掛けてください。しまいこむと探すのが嫌になるだけでなく、虫食いなどの心配もあります。余り糸は、瓶に入れるなどしてインテリアにしてしまうこともあります。ボタンやレースなどの資材も飾って置いておくと素敵です。

ちなみに編みかけの作品は、ほかの糸や編みかけ作品と混ざらないようにトートバッグなどに道具と一緒に収納しておくと便利です。最近では、編みかけ作品、材料、道具を収納できる「プロジェクトバッグ」という商品も市販されているので気になる方はチェックしてみてください。

Q アイロンはどうやってかける？

A 少し浮かせてスチームをかけます

最後にアイロンのスチームをかけると編み地の目が揃って、形もきれいに整います。まず、アイロン台にレシピのできあがり寸法と同じになるように広げます。1～2㎝の誤差があるときは、耐熱性のまち針でサイズに合わせてアイロン台に固定します。かけるときは、編み地からアイロンを5㎝くらい浮かせてスチームをかけて、目と段が直角になるよう、手で整えます。編み地とアイロンが接してしまうと編み目がつぶれてしまうので気をつけてくださいね。そのまま完全に熱が冷めるまでは動かさないこと。洗濯をしたあとも、同じ要領でスチームをかけてください。とじた部分は裏からかけ、最後に表からかけるときれいに仕上がります。

Chapter 3

つないで仕上げる！
～セーター編～

いよいよパーツをつないでいきます。
どんどんセーターの形になっていきますよ。

カオリさん同様、
ベストを編みたい方は、
Chapter.4（P.101）に
進んでください

リリコ自宅
次は これもいいな～
あっこれも 作りた～い
フフフ
ま、セーターまだ 終わって ないんだけどね…
フッ
1週間放置中
前後身頃は できたけど ここから先が めんどくさいんだよな～
今回は袖を編みながら 仕上げられるとはいえ
セーター
新作
う――ん
えいやっ ここまで来たら やるしかない!
やるぞ――っ
なになに 肩をかぶせはぎ する…と
これも ややこしいんだよな～
↑先生からもらった 注意書きメモ
「中表」に合わせて
肩はぎの方向
裏
表
後ろ身頃
前身頃
中表
編み地の表面同士が内側で 合うように重ねること
フム まず前後身頃を 中表に合わせて… そして右肩から 左肩の順ではぐのね

かぶせはぎ

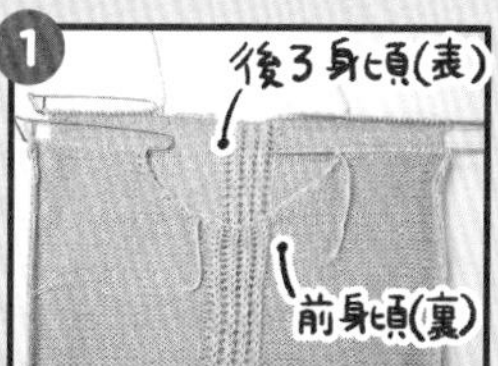

身頃を中表に合わせます。

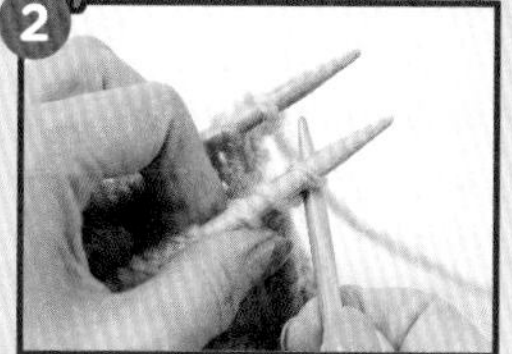
手前の編み地の右端のループを、別の"玉付きではない"棒針で表編みの要領で針を入れます。

奥の編み地の右端のループに、裏編みの要領で針を入れます。

❸を❷のループに通して引き抜きます。

手前のループを1目、奥のループを1目外します。

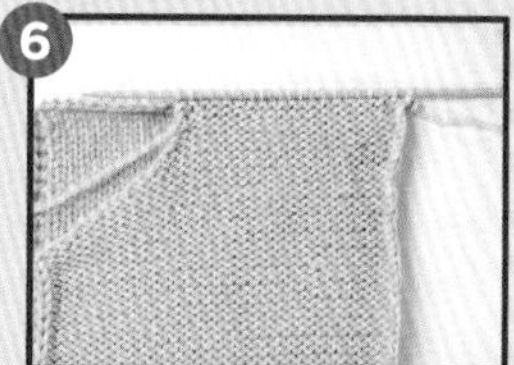
❷〜❺を繰り返すと、最後に棒針が1本残ります。

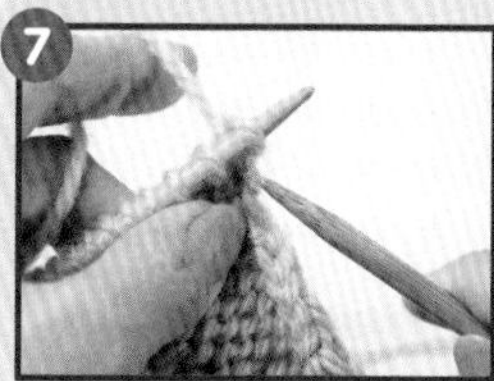
再び右端から、伏せ止めをしていきます。まず1目表編みをします。

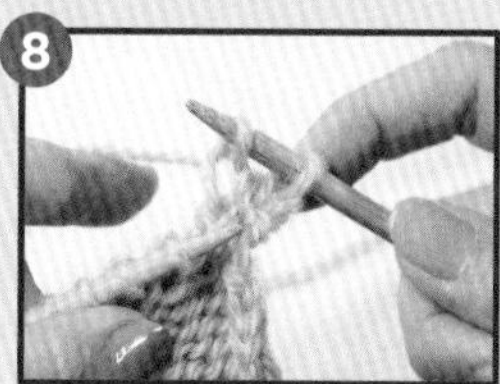
もう1目表編みをします。

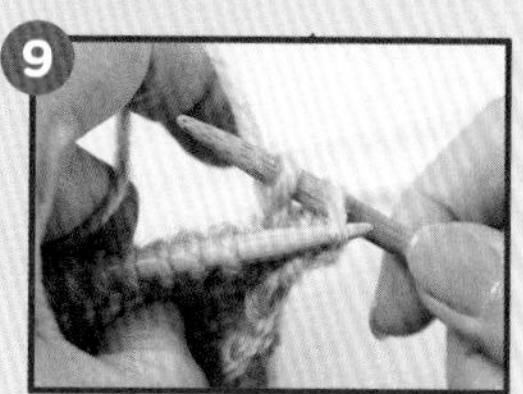
右の目を左の目にかぶせるようにして針から外します。

左端まで同様に、「編んでかぶせる」を繰り返します。

最後に1目鎖編みをします。

10cmほど糸を引き出して切ります。

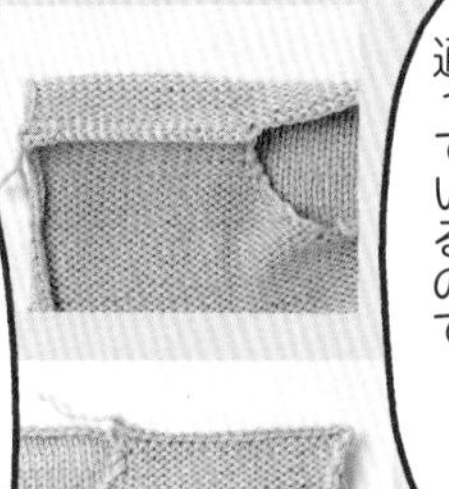

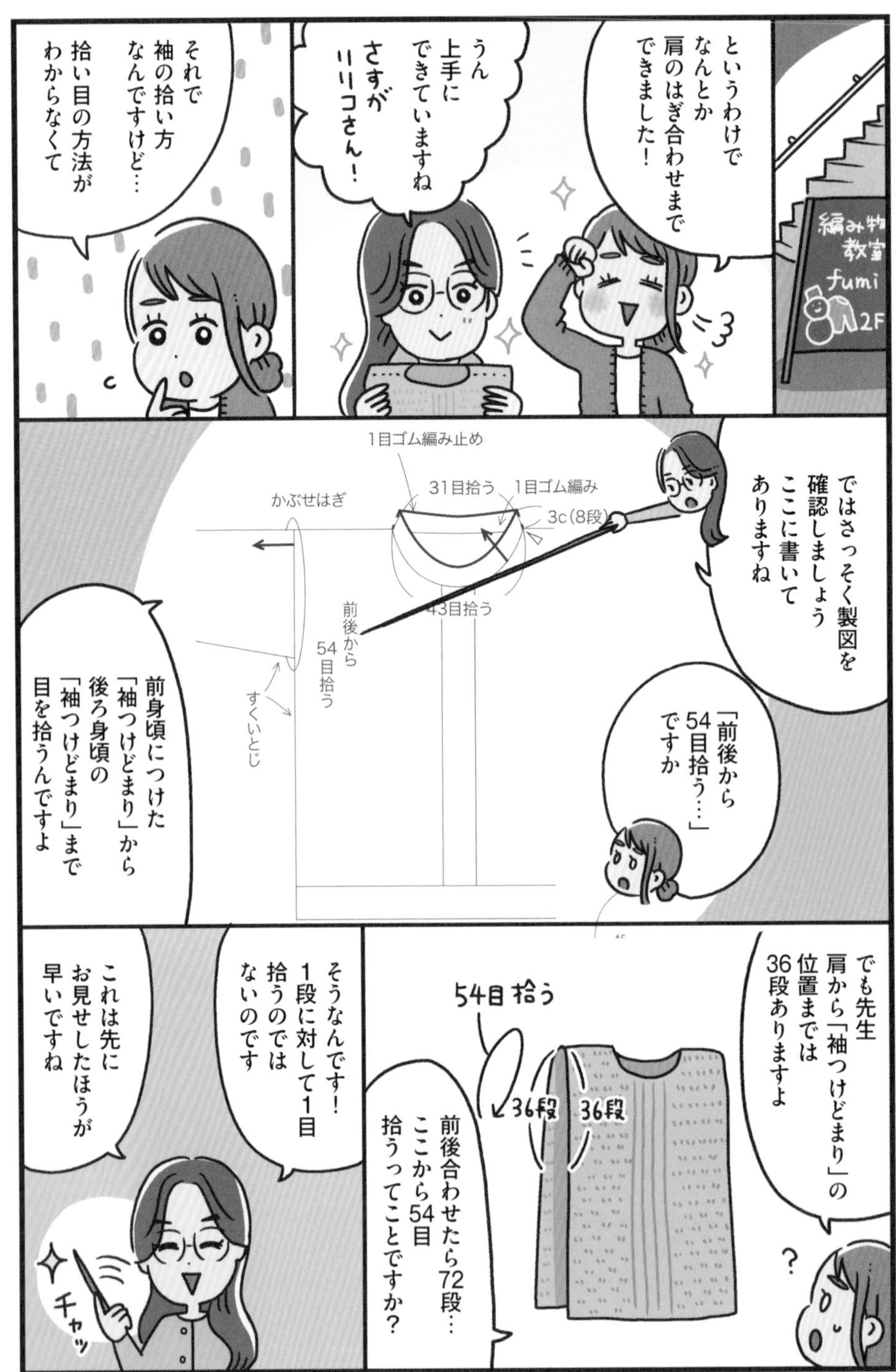

編み物教室
fumi
2F
というわけで
なんとか
肩のはぎ合わせまで
できました！
うん
上手に
できていますね
さすが
リリコさん！
それで
袖の拾い方
なんですけど…
拾い目の方法が
わからなくて
ではさっそく製図を
確認しましょう
ここに書いて
ありますね
1目ゴム編み止め
31目拾う
1目ゴム編み
3c（8段）
かぶせはぎ
43目拾う
前後から
54目拾う
すくいとじ
「前後から
54目拾う…」
ですか
前身頃につけた
「袖つけどまり」から
後ろ身頃の
「袖つけどまり」まで
目を拾うんですよ
でも先生
肩から「袖つけどまり」の
位置までは
36段ありますよ
54目拾う
36段
36段
前後合わせたら72段…
ここから54目
拾うってことですか？
そうなんです！
1段に対して1目
拾うのでは
ないのです
これは先に
お見せしたほうが
早いですね
チャッ

段からの目の拾い方
1
新しい糸を
左手の人さし指にかけ、
右手で固定します。
編み図の印にしたがって、
編み地の端に針を入れます。
矢印のように針に糸をかけて
手前に引き抜きます。
2
引き抜いたところ。
これで糸がつきました。
同様にして、編み図の指定の
位置に糸をつけていきます。
1段飛ばした
3段
3段
3
6目分糸がついたところ。
72段に対して
54目拾うので
3段か2段拾ったら、
1段飛ばしてください
は〜い！
って…
3段か2段!?
「か」って何!?
困るっ!!
今回は編み図に
拾う位置が
示されていますから
参考にしてくださいね
編み図の●は
目を拾う
位置のことです
以前カオリさんが
質問してくれて
ましたよね
この●は
どうしたら
いいですか？
ひとつ注意したいのがここ！
前後身頃の肩をはいだ箇所
なんですが…目を拾わないんです
まあ編み図通りに
拾えば問題ないのですが…
拾う位置
拾わない
←100
←102
→102
→100
→90
→86
→80
→70
罠ですね…
わかりました！
とりあえず
編み図通りに
やってみます

袖の編み図にある「中央」が肩のはぎ合わせの位置にくるように注意してくださいね
中央
肩のはぎ合わせ
袖の中央
はーい
拾えました～！
そうしたら編み図通りに袖を編んでいってください
1段編み終わるごとに
編み地を裏表返しながら
編み図の通りに
編んでいけばOK
下から上に編んでいく
右上2目一度
左上2目一度
ちなみに今の拾い目が1段めですから2段めから編んでくださいね
左上2目一度、右上2目一度で目数を減らしながら編むんですね
シンプルだからすぐにできそう！
そうそうその意気ですよ～

3時間後
うん！
いい感じかも
お上手です～！
それにしてもこれ
身頃も一緒に編んでいくの
かさばりますね…
そうなん
ですよね～
こればっかりはね…
モサ
モサ
さっ
最後にゴム編みですね！
基本的には
1目ゴム編みですが
編み図の
右端は表目が2目続くので
注意してくださいね
それから針も
10号に
持ち替えてください
はい
できた～
編み終わりの糸は
30センチほど
残して切ってください
good!
次は残した糸を使って
ゴム編み止めですね
ゴム編み止め…
初めて聞いたかも

1目ゴム編み止め（右端が表2目・左端が表1目の場合）

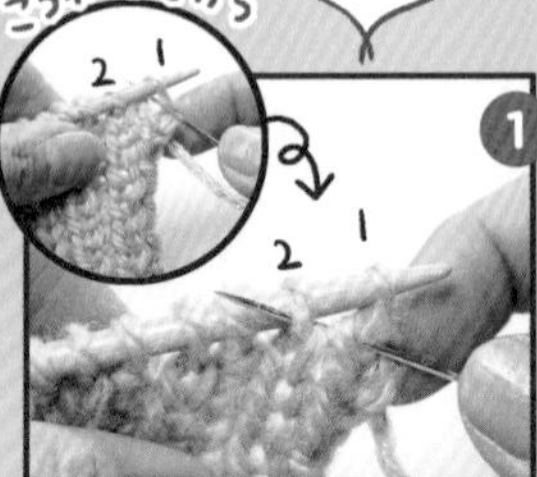

編み終わりの糸にとじ針を通し、右端の1に表編みの要領で、2に裏編みの要領で針を入れます。

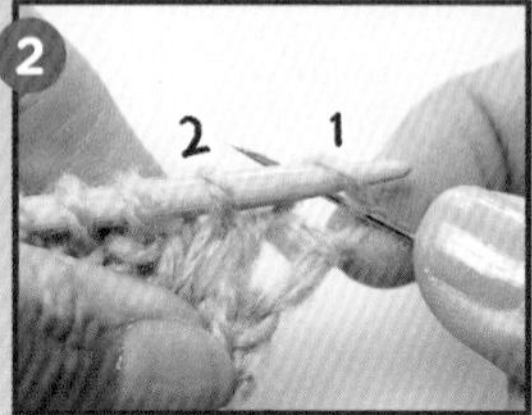

もう一度1に表編みの要領でとじ針を入れます。

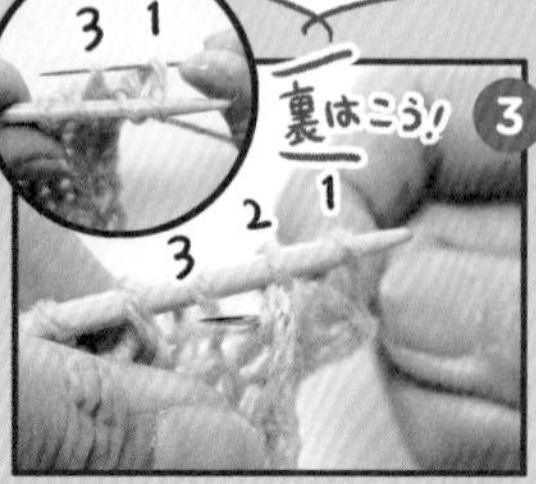

編み地の裏から3に表編みの要領で針を入れ、糸を引きます。1の糸を針から外します。

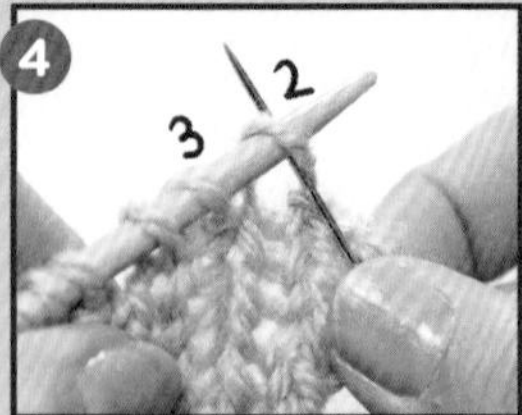

2に表編みの要領でとじ針を入れます。

編み地の表から4に裏編みの要領でとじ針を入れ、糸を引きます。2の糸を針から外します。

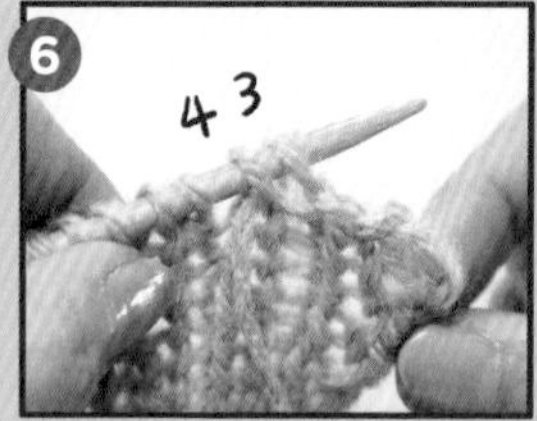

2目分終わったところ。

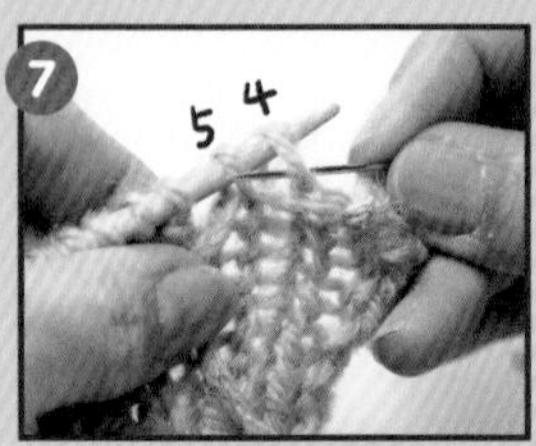

3に裏編みの要領でとじ針を入れて棒針から外します。編み地の裏から5に表編みの要領で針を入れ、引き抜きます。

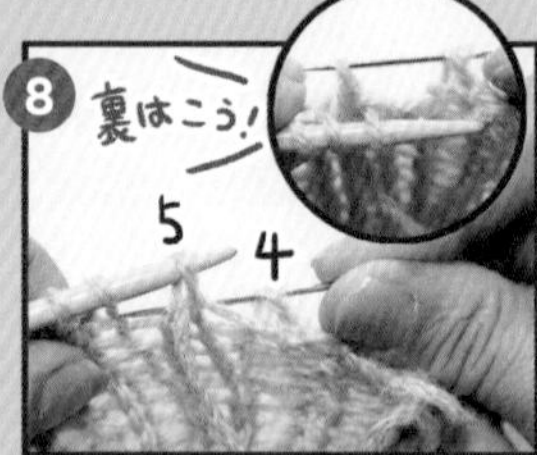

4に表編みの要領でとじ針を入れ、棒針から外します。

4目分終わりました。❹〜❾を繰り返します。

終わり方

残り2目に一度にとじ針を入れ、糸を引きます。

ゴム編み止めと伏せ止めを比べてみましょう
伏せ止め
ゴム編み止め
…
びょ〜ん
伏せ止めは伸びないのですがゴム編み止めは伸びがいいんですよ
だから袖口に使うんですね
ビョ〜ン
襟などにも使いますよ
とにかく片袖できましたね！
早かったですね〜
イエ〜イ
片袖編めたらアイロンかけてくださいね
もちろん！
ジュ〜
前にやった“袖を別に編んで編みつける作品”よりはサクッとできた気がしました！
ムキー
それならよかったです！リリコさんはぎ合わせるの苦手なようでしたからね
フフフ
次回までにもう一方の袖も編んできてくださいね
ハ〜イ

1週間後
先生…
エッヘン
どうでしょうか！
シャラーン
完璧☆
次は
脇と袖の下を
すくいとじ
という
方法で
とじます
先生、
そういえば肩は
「はぐ」って
いいましたよね
同じくっつけることでも
「とじる」と「はぐ」に
ちがいがあるんですか？
いい質問です！
編み地の目と目を
つなぐことを「はぐ」
段と段をつなぐことを
「とじる」って
いうんです
どちらも
つないだあとが
わからないですね！
キレイな仕上がり！
ちゃんと
手順通りにやれば
きれいに
仕上がるんですよ
それが難しい
んですよね…
とじるとはぐのちがい
目と目をつなぐ「はぐ」
済
はいだ後
とじた後
段と段をつなぐ「とじる」
＼これを今からやる／

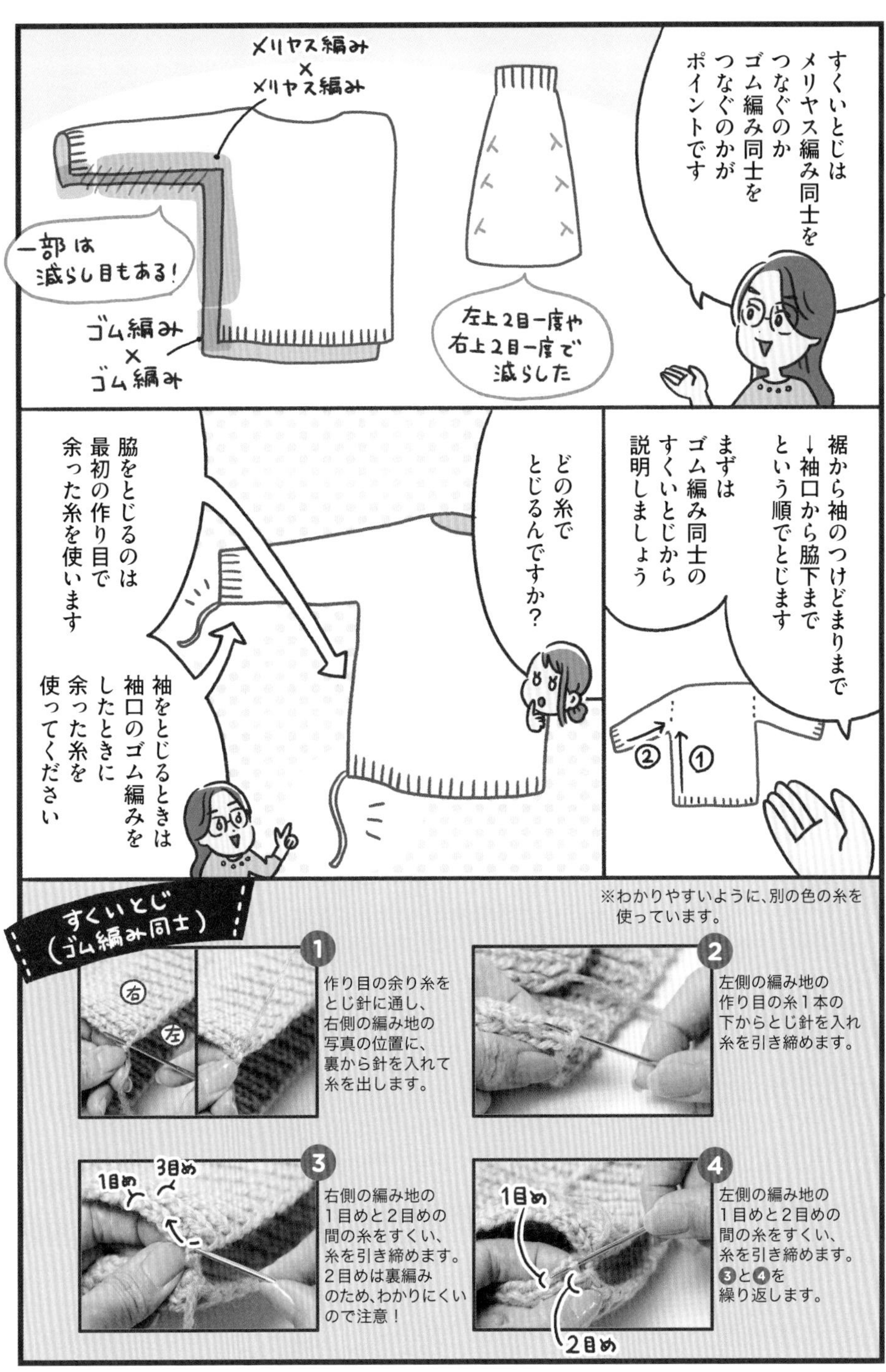
すくいとじは
メリヤス編み同士を
つなぐのか
ゴム編み同士を
つなぐのかが
ポイントです
メリヤス編み
×
メリヤス編み
一部は
減らし目もある!
ゴム編み
×
ゴム編み
左上2目一度や
右上2目一度で
減らした
裾から袖のつけどまりまで
→袖口から脇下まで
という順でとじます
まずは
ゴム編み同士の
すくいとじから
説明しましょう
①
②
どの糸で
とじるんですか?
脇をとじるのは
最初の作り目で
余った糸を使います
袖をとじるときは
袖口のゴム編みを
したときに
余った糸を
使ってください
すくいとじ
(ゴム編み同士)
※わかりやすいように、別の色の糸を
使っています。
1
右
左
作り目の余り糸を
とじ針に通し、
右側の編み地の
写真の位置に、
裏から針を入れて
糸を出します。
2
左側の編み地の
作り目の糸1本の
下からとじ針を入れ
糸を引き締めます。
3
1目め
3目め
右側の編み地の
1目めと2目めの
間の糸をすくい、
糸を引き締めます。
2目めは裏編み
のため、わかりにくい
ので注意!
4
1目め
2目め
左側の編み地の
1目めと2目めの
間の糸をすくい、
糸を引き締めます。
❸と❹を
繰り返します。

1目めと2目めの間の糸をすくいます。

糸を引き締めます。

反対側の編み地も同様に、1目めと2目めの間の糸をすくいます。糸が出ているところに針を入れていきます。

数分後
せ、先生〜〜…
糸が足りなくなりそうなんですがどうしたら…
デ…
デジャブ…
古い糸で最後に通った箇所を新しい糸でたどるといいですよ
えっそれだけでいいんだ！
糸が絡まって固定してくれるんです
新しい糸
古い糸
古い糸が通った最後の道を新しい糸でたどってから進む
えーと脇までとじたらどうするんですか？
そこでいったん終わってください
終わる!?
ええ次は袖口からとじていきましょう袖には減らし目がありますよね
一部減らし目
ここから
左右の2目一度で減らした
ハイ
すくいとじ
[メリヤス編み同士(減らし目部分)]
このようにとじていきます
1
P.88のメリヤス編み同士のすくいとじを行い、減らし目の箇所まできたら、1目半内側にとじ針を出します。糸を引きます。
2
1目半内側に糸を通したところ。
3
ここではなく
反対側も同様、1目半内側にとじ針を出します。
4
1目半内側に糸を通したところ。実際にはその都度糸を引き締めます。
5
ここではなく半目内側に
❷で糸を出した箇所にとじ針を入れ、1目半内側から出します。
6
反対側も❺と同様に、❹で糸を出した箇所にとじ針を入れ、1目半内側から出します。減らし目がない箇所は、P.88と同様に行います。

減らし目がある
メリヤス編み同士の
すくいとじができました
きれいに
つながっている…
けど…
やばい…
わかりません…！
そうね
難しいんですよ…
すくう位置は
このように
編み地の端
ギリギリなんですよ
袖のゴム編み部分は
「ゴム編み同士」の
すくいとじですよ
はい！

で…
できた！
つながった〜
キャー
OKです！
反対側も
やっちゃって
ください！
おりゃーっ
あみ
あみあみ
こ…こんどこそ
できた〜〜っ！
ピカーーッ
あとは襟だけ
ですが…
とっぷり
キャ〜もう
すでに
カワイイ〜
次回にしますか？

ここまできたらやっていきたいです！
わかりました！お付き合いしますよ〜
まず襟も目を拾うところから始めます
ただし注意が必要なのは袖のように直線ではなく輪であるということ
襟は目を拾ってぐるっと編む！
ここから拾う
前
ハイハ〜イ
ということは4本針を使用するんですね
That's right!
パチーン
注 深夜テンション
それから前回の袖のように段から拾うだけではなくてちょっと複雑なんです編み図に戻って説明しましょう
ほー目から拾う箇所もあるんですね
●は拾う位置
目(伏せ目)から拾う
段(メリヤス)から拾う
中央
操作としては同じなのですがそれぞれ拾う位置に注意が必要なんです

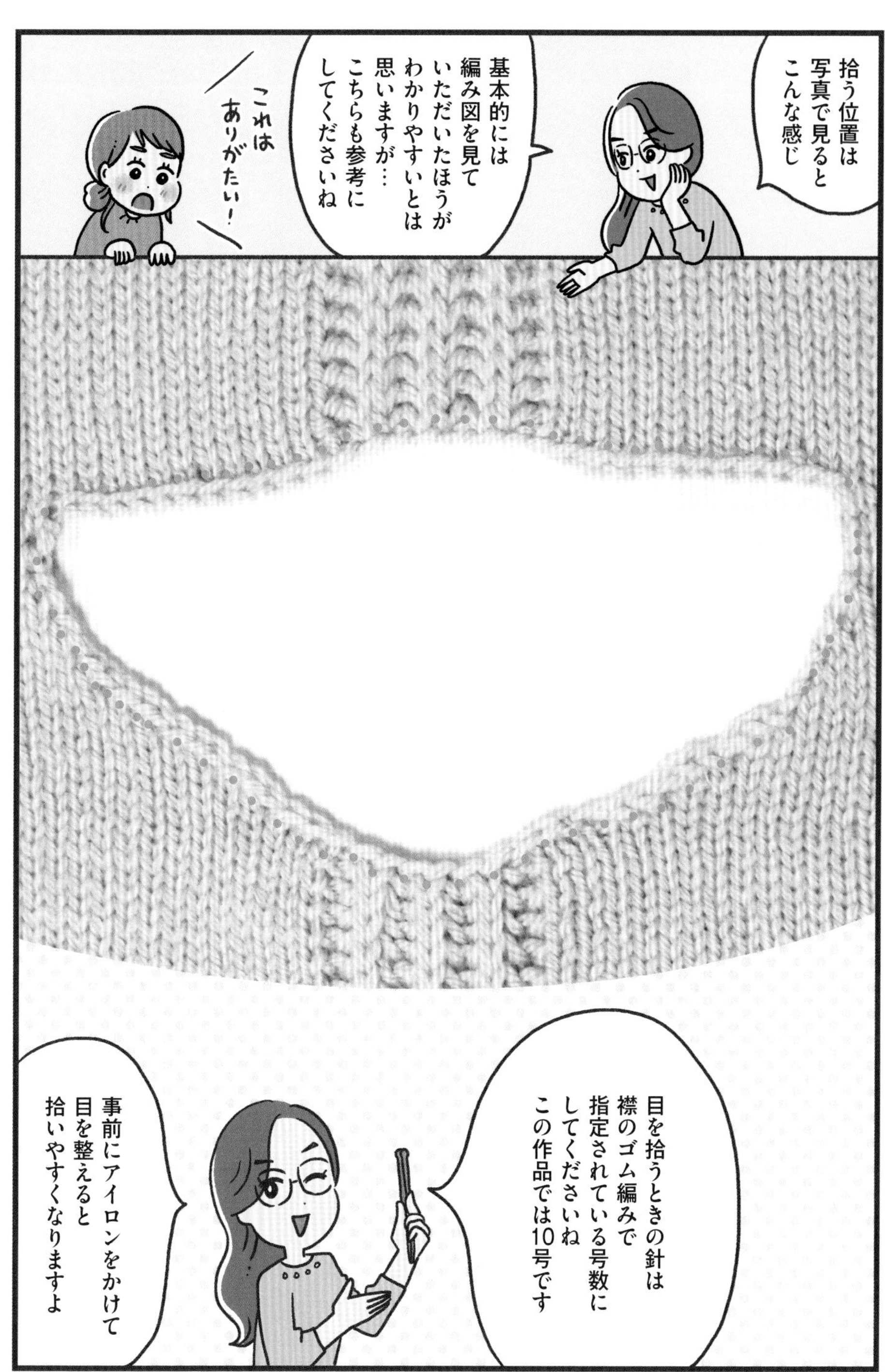
拾う位置は
写真で見ると
こんな感じ
基本的には
編み図を見て
いただいたほうが
わかりやすいとは
思いますが…
こちらも参考に
してくださいね
これは
ありがたい！
目を拾うときの針は
襟のゴム編みで
指定されている号数に
してくださいね
この作品では10号です
事前にアイロンをかけて
目を整えると
拾いやすくなりますよ

まずは拾い始めからです
段からの
拾い目で4目
拾ってください
これは袖のときと
同じなので
できます…よね？
お任せ
ください！
なんせ
左右の袖で2回
やってますから
できました～！
段からの拾い目
1
新しい糸を持ち、端の目と２目めの間に棒針を入れます。編み図の指定の位置に入れるようにしましょう。
2
針先に糸をかけます。
3
糸を引き出します。
同様にして目を拾っていきます。
※わかりやすいように、
別の色の糸を
使っています。
段（減らし目）からの拾い目
ココ！
次は減らし目
部分から
目を
拾いましょう
針を入れる
位置に
注意です
1
端の目ではなく１目半の位置に棒針を入れます。
2
棒針を入れたところ。
3
糸をかけ、手前に引き抜きます。

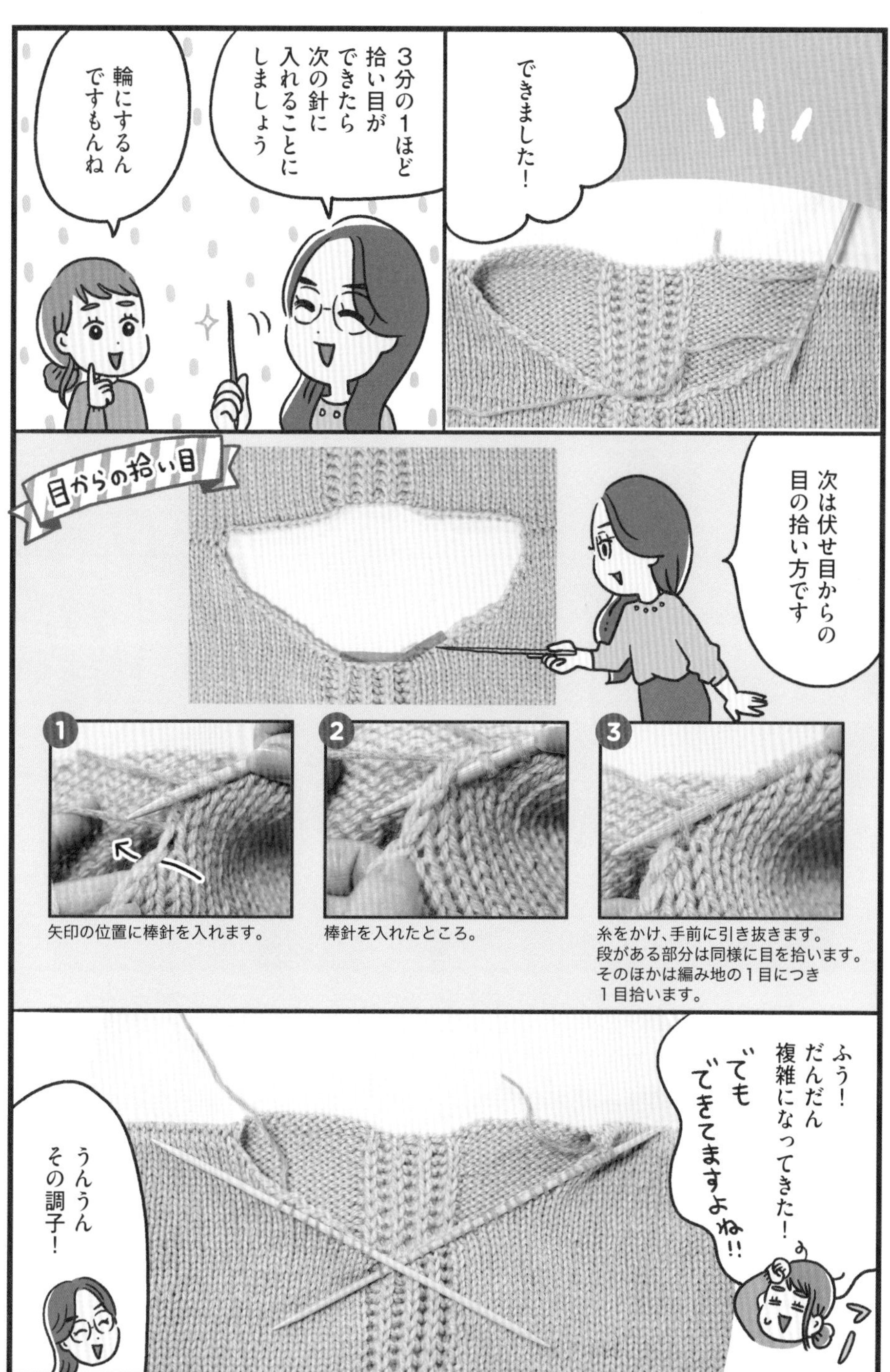

1 矢印の位置に棒針を入れます。

2 棒針を入れたところ。

3 糸をかけ、手前に引き抜きます。段がある部分は同様に目を拾います。そのほかは編み地の1目につき1目拾います。

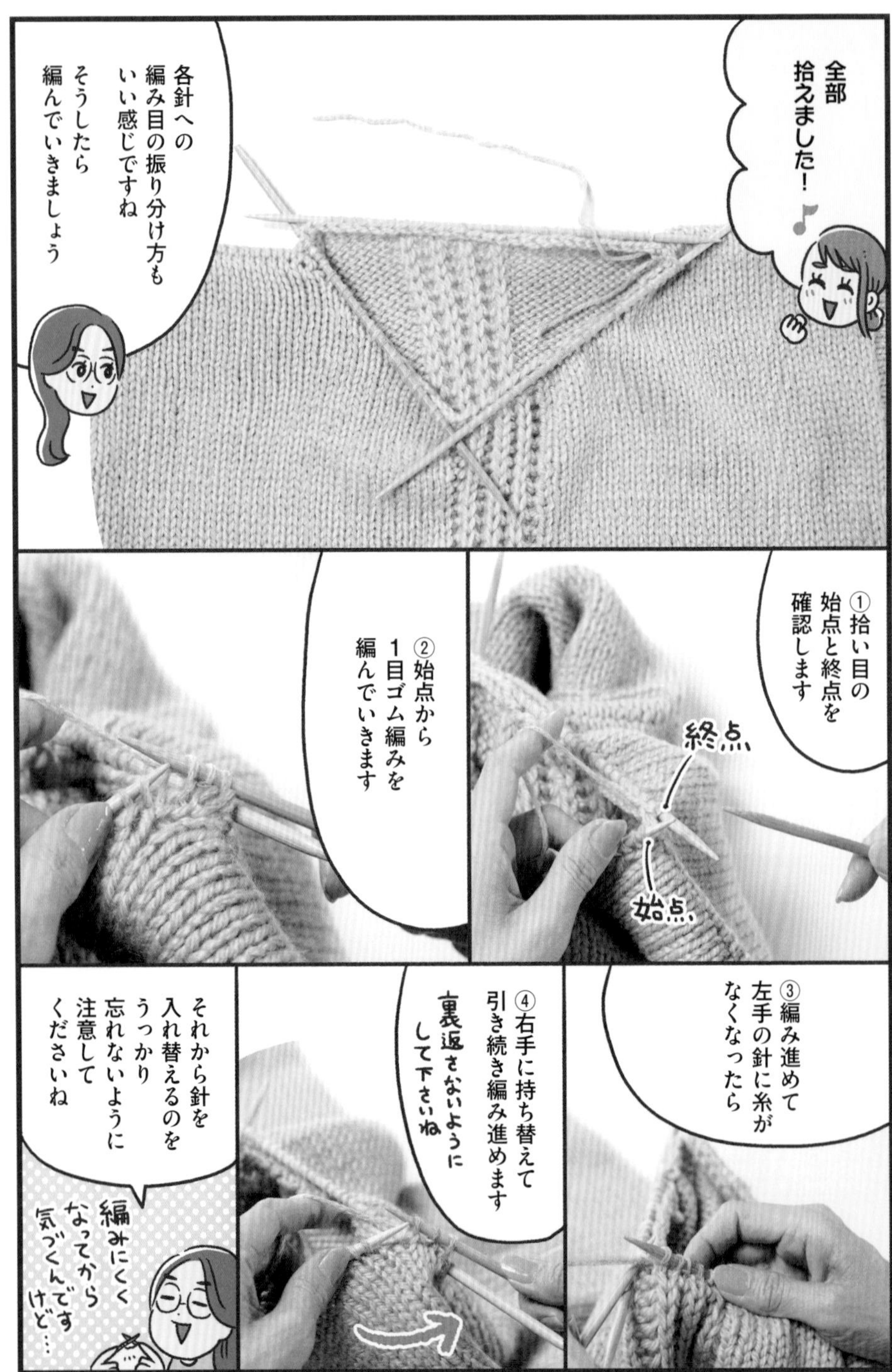
全部
拾えました！♪
各針への
編み目の振り分け方も
いい感じですね
そうしたら
編んでいきましょう
①拾い目の
始点と終点を
確認します
終点
始点
②始点から
1目ゴム編みを
編んでいきます
③編み進めて
左手の針に糸が
なくなったら
④右手に持ち替えて
引き続き編み進めます
裏返さないように
して下さいね
それから針を
入れ替えるのを
うっかり
忘れないように
注意して
くださいね
編みにくく
なってから
気づくんです
けど…

ハハ〜ン
輪で編んでいくということは、ずっと表を見ながら編むってことですね
\8段めが編めた！/
\2段めが編めた！/
great!
そして最後はゴム編み止めです
ラストスパート!!
でた〜！
ピカーン
キャ〜 できたー っ
キャ〜 おめでとうございます♪
忘れず アイロンアイロン♪
ね、ねむい…
グラ グラ

もっと知りたい Q&A

Q アイロンをかけるタイミングは？

A パーツを編むごと、とじ、はぎをするごとにかけましょう

アイロンは最後の仕上げ以外にも、パーツが編めたあと、とじ、はぎをしたあとなど、その都度かけることで多少のサイズの誤差も整って、きれいに仕上がります。スチームを出して編み地に直接当てないこと、そしてアイロンをかけたあとは完全に冷めるまでは絶対に動かさないように注意です。

Q とじるときの糸って短くないですか？

A 扱いやすい長さがポイント！

脇や袖下をとじる糸は、最初の作り目の糸端やゴム編みを編んだあとの糸をとじ糸用に残しておきましょう。糸の長さは中指の先からひじまでの長さぐらいが目安。長すぎると糸がすり切れてしまうことがあるから、途中で新しい糸をつけながらとじてくださいね。

郵便はがき

おそれいりますが
切手をお貼り
下さい

104-8011

東京都中央区築地
5-3-2

株式会社
朝日新聞出版
生活・文化編集部 行

ご住所 〒		
電話 (　　　)		
ふりがな お名前		
Eメールアドレス		
ご職業	年齢　　歳	性別

このたびは本書をご購読いただきありがとうございます。
今後の企画の参考にさせていただきますので、ご記入のうえ、ご返送下さい。
お送りいただいた方の中から抽選で毎月10名様に図書カードを差し上げます。
当選の発表は、発送をもってかえさせていただきます。

愛読者カード

本のタイトル

お買い求めになった動機は何ですか？（複数回答可）

1．タイトルにひかれて　　2．デザインが気に入ったから
3．内容が良さそうだから　　4．人にすすめられて
5．新聞・雑誌の広告で（掲載紙誌名　　　　　　　）
6．その他（　　　　　　　　　　　　　　　　　）

表紙　1．良い　2．ふつう　3．良くない
定価　1．安い　2．ふつう　3．高い

最近関心を持っていること、お読みになりたい本は？

本書に対するご意見・ご感想をお聞かせください

ご感想を広告等、書籍のPRに使わせていただいてもよろしいですか？

1．実名で可　2．匿名で可　3．不可

ご協力ありがとうございました。
尚、ご提供いただきました情報は、個人情報を含まない統計的な資料の作成等に使用します。その他の利用について詳しくは、当社ホームページ https://publications.asahi.com/company/privacy/ をご覧下さい。

Q 糸始末ってどのタイミングですか？

A 決まりはないから人それぞれ

糸始末は編む物にもよるし、いつ？という決まりはないけれど、とじ、はぎや拾い目のときに糸がたくさんついていると編みにくいから、そのようなときは先に始末をしましょう。編み込み模様や、モチーフつなぎの枚数の多いときは、つなげる前に少しずつ始末しておけば、仕上げが楽。

Q 襟は輪針でもいいんですか？

A 輪針でもOKです

本のレシピには4本針の指定になっていても輪針を持っていたら輪針でOK。ただし、襟ぐりの長さに合わせて40㎝の短い針を使うこと。60㎝以上の針は長すぎて編みにくいだけでなく、目と目の隙間があいてきれいに編めないので注意してくださいね。

もっと知りたい Q&A

Q 糸が足りなくなりそう 買い足さなきゃ

A ラベルのロットを揃えることが重要

糸のラベルには色番号の近くに「ロット」というアルファベットや数字が書いてあります。これは糸を染める際の釜の番号。同じ色でもロットがちがうと微妙に色の差があるので、同じロットのものを買いましょう。同じロットがない場合は、とじ、はぎなど目立たないところで使うと◎。

ハマナカ アメリー

色番 25　ロット B

4 522017 441981

品質	ウール〈WO〉……70% アクリル〈PC〉…30%	参考使用針	棒針 6〜7号 かぎ針 5/0〜6/0号
標準状態重量	40g（糸長約110m）	標準ゲージ	棒針 19〜20目 27〜28段 かぎ針（長編み）20〜21目 9〜9.5段
お取扱い方法		使用針	ハマナカアミアミ手あみ針
			↑矢印の方向へ糸を引き出してお編みください。

製造発売元 ハマナカ株式会社　京都市右京区花園薮ノ下町2番地の3　TEL (075) 463-5151 (代)

万一事故品がありましたら、ラベルを添えて、お求め先でお取り換え下さい。

Q 編むのに飽きた

A ちょっとお休みしましょうか

ひたすら編んでいると飽きてしまうこともありますよね。そんなときはちょっとお休みして気分転換するとか、前身頃の前に形のちがう袖を先に編むとかもおすすめ。でもあまり間があくと、ゲージの手加減も変わってしまうからリフレッシュできたらすぐ再開してくださいね。

Chapter 4

つないで仕上げる！
〜ベスト編〜

袖がないベストだけれど、脇の処理はあります。
でもあと少しで完成！　がんばりましょう。

▶ 動画で
＼チェック！／

▼ベストのレシピは110ページ～をチェック！

うん
肩が
つながりましたね
もうすぐ
できあがる…！
ワクワク
次は脇ですね！
段から
目を拾います
段からの
目の拾い方も
80ページを
見てくださいね
ハイ
1点だけ注意があって
例えばゴム編みの部分は
12段から7目拾うことに
なっています
なので編み図を参考に
ところどころ
飛ばして
拾ってくださいね
12段から
7目拾う
102段から
74目拾う
74目拾う
7目拾う
前身頃から
後ろ身頃まで
全部で162目
拾ってください
袖つけどまり

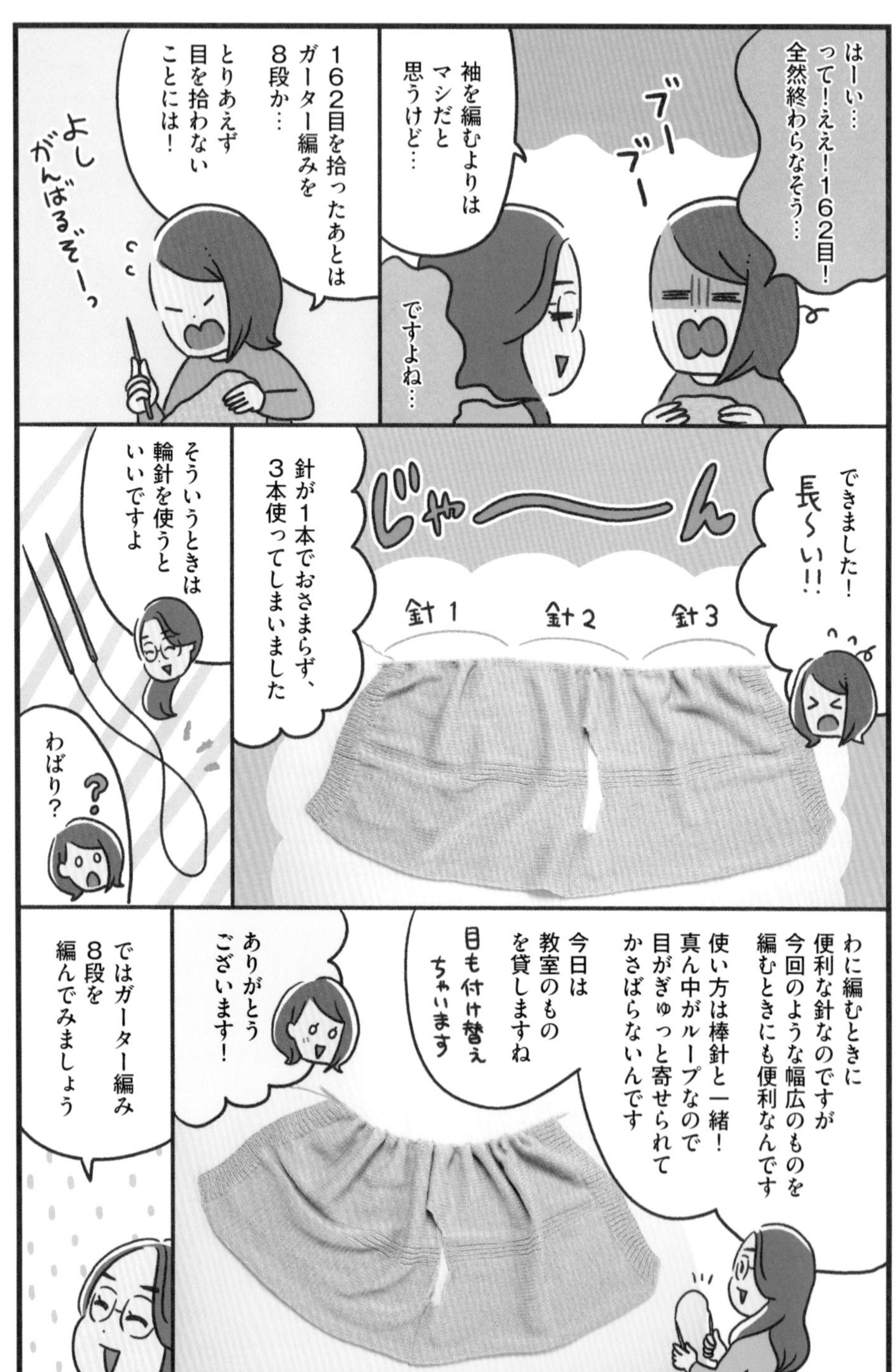
はーい…
って！ええ！162目！
全然終わらなそう…
ブーブー
袖を編むよりは
マシだと
思うけど…
ですよね…
162目を拾ったあとは
ガーター編みを
8段か…
とりあえず
目を拾わない
ことには！
よし
がんばるぞーっ
できました！
長〜い!!
じゃ〜〜ん
針1
針2
針3
針が1本でおさまらず、
3本使ってしまいました
そういうときは
輪針を使うと
いいですよ
わばり？
わに編むときに
便利な針なのですが
今回のような幅広のものを
編むときにも便利なんです
使い方は棒針と一緒！
真ん中がループなので
目がぎゅっと寄せられて
かさばらないんです
今日は
教室のもの
を貸しますね
目も付け替え
ちゃいます
ありがとう
ございます！
ではガーター編み
8段を
編んでみましょう

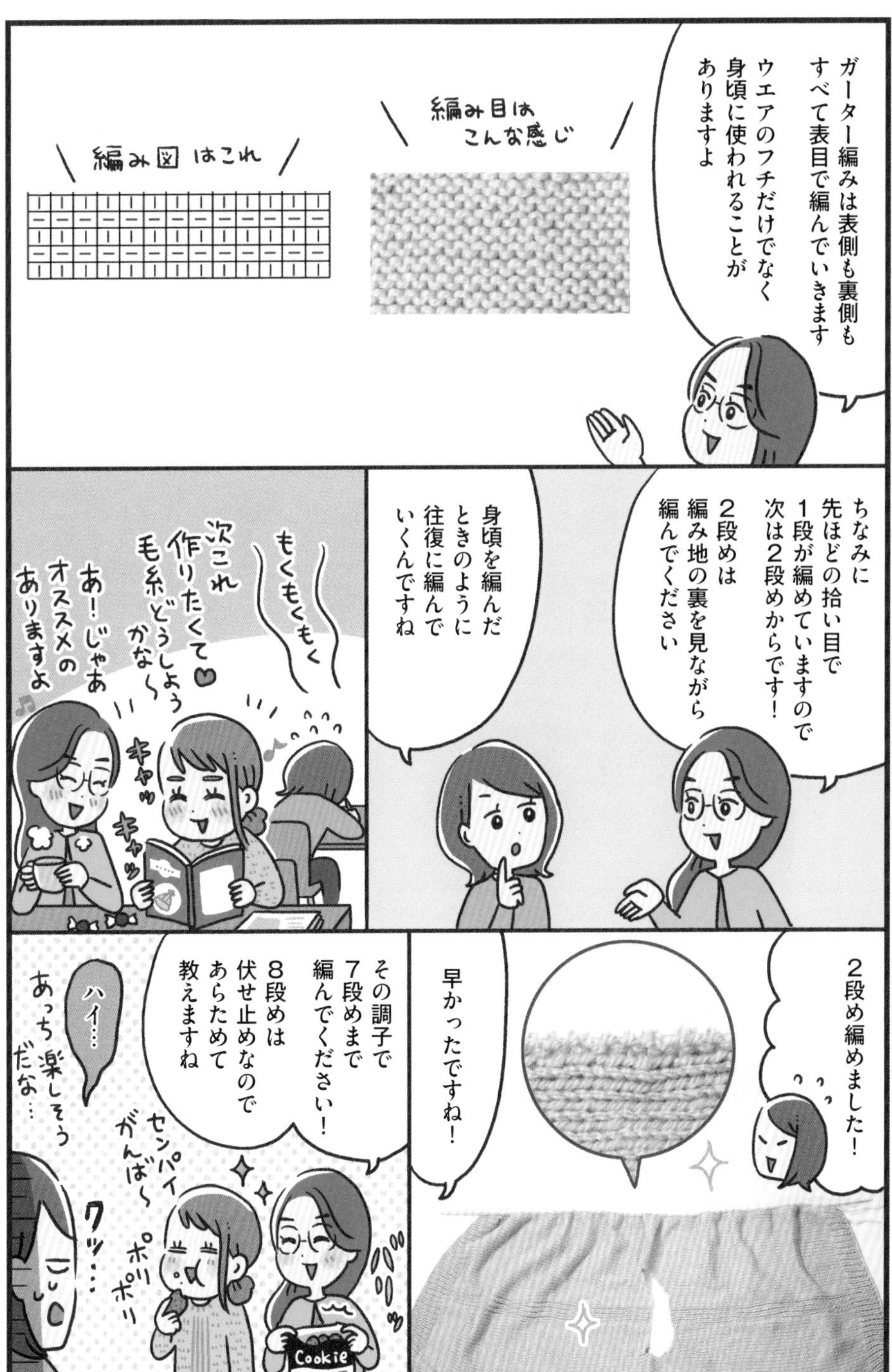
ガーター編みは表側も裏側もすべて表目で編んでいきます
ウエアのフチだけでなく身頃に使われることがありますよ
編み目はこんな感じ
編み図はこれ
ちなみに先ほどの拾い目で1段が編めていますので次は2段めからです！
2段めは編み地の裏を見ながら編んでください
身頃を編んだときのように往復に編んでいくんですね
もくもくもくもく
次これ作りたくて毛糸どうしようかな〜
あ！じゃあオススメのありますよ
キャッ
キャッ
2段め編めました！
早かったですね！
その調子で7段めまで編んでください！
8段めは伏せ止めなのであらためて教えますね
ハイ…
あっち楽しそうだな…
センパイがんばっ〜
ポリポリ
クッ…
Cookie

よし!!
7段め完了です!
そうしたら
8段めは
伏せ止めですね
編んで編んでかぶせ、
編んでかぶせ、ですよ
OK♪
伏せ止め
1
表編みを1目編みます。
2
もう1目表編みを編みます。
3
❷の★をかぶせます。
次の目も編んで、前の目に
かぶせる…を繰り返します。
フ〜
片側
できました〜
では
反対側も!
はい!
この勢いで
やっちゃえ〜っ
バリバリバリ
コツコツ

もう片側もできました！
ばっちりですね！
アイロンしましょ！
あとは襟！
こちらも92ページを
見てください
最後に編んでもいいので
自宅でやってもらっても…！
はい
自宅でやります
それから
それから？
パラ
パラ
今日中に先生に
聞いておきたい
ことは…
ん!?
ベルト
（10号針）
1目ゴム編み
伏せ止め
8c
（18段）
5c（9目）
べ、ベルトを編めと！
フニャ〜
わーん！
力尽きたよ〜〜〜
やる気メーター
すでに今日だけで
162段×左右2カ所
編んだんだもん〜
シンプルなゴム編み
とはいえ！
襟ものこってるし〜
ギャン
ギャン
つん
つん

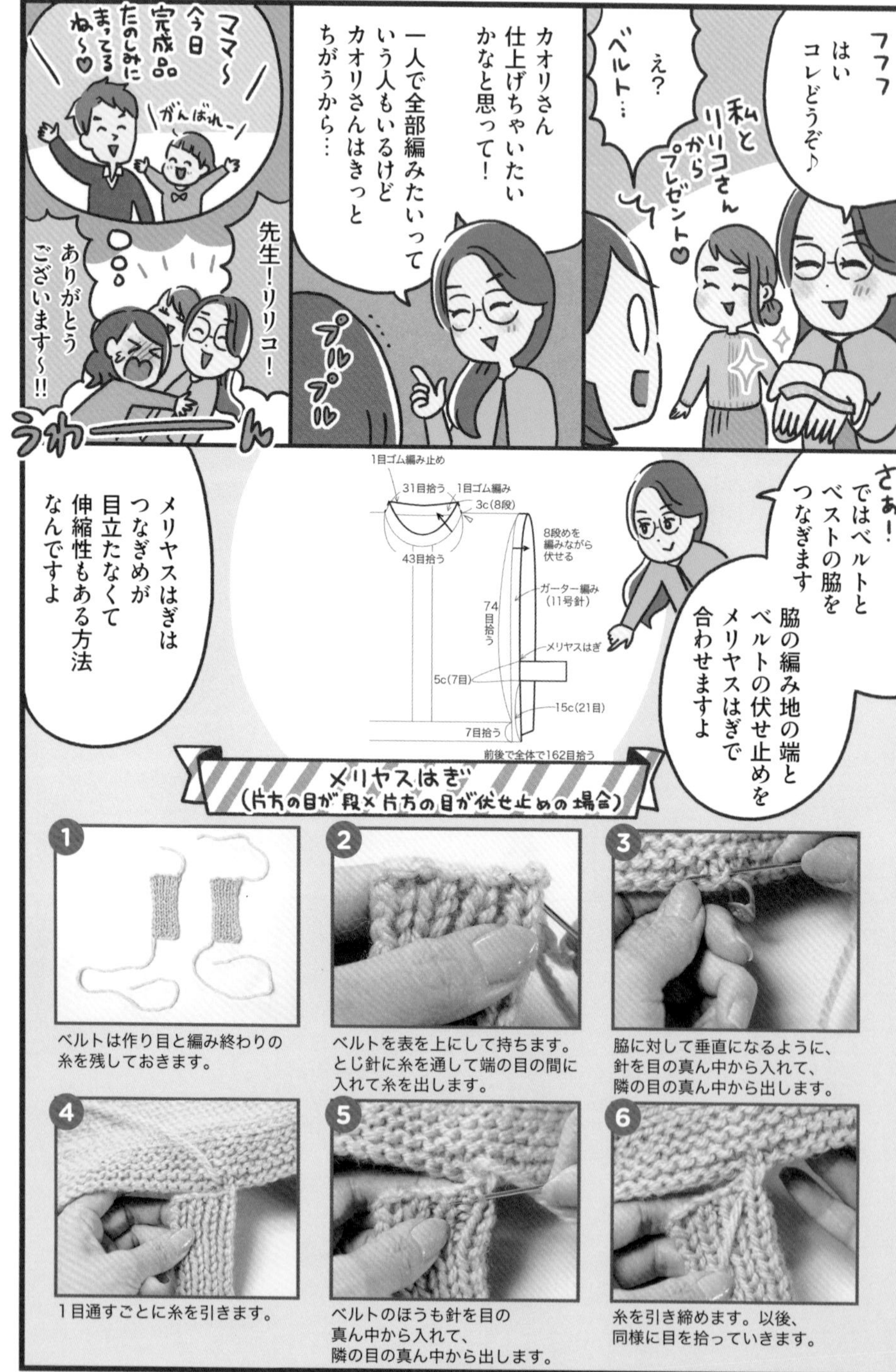

1 ベルトは作り目と編み終わりの糸を残しておきます。

2 ベルトを表を上にして持ちます。とじ針に糸を通して端の目の間に入れて糸を出します。

3 脇に対して垂直になるように、針を目の真ん中から入れて、隣の目の真ん中から出します。

4 1目通すごとに糸を引きます。

5 ベルトのほうも針を目の真ん中から入れて、隣の目の真ん中から出します。

6 糸を引き締めます。以後、同様に目を拾っていきます。

できた～！
残りのベルトつけと糸始末と襟はお家でもできますよ
早く帰ってあげてくださいね
ぐぃぐぃ
せ、先生～
うりゅ…
ありがとうございます！
このご恩はいつか必ずーっ
ピューーン
アレ？何か毎回こうだな…
先パイ！！毛糸ほどけてます！！
end
すご～い
形になってるね！どんどん上手になってるねぇ～
エヘヘ
あと少しで完成なんだ～
ママすご～い
数日後
あれ？
わかんなくなっちゃった
92ページへ戻る
編み物は経験繰り返し練習してくださいね
ファイト

最初からベストを
編みたい人は
このレシピを
見てください

作り方

まっすぐ編みのベスト

front

back

使用糸：DARUMA ウールモヘヤ　ベージュ（色番2）　174g(9玉)

使用針：2本棒針10号、11号、12号　4本棒針10号、11号、12号

ゲージ：メリヤス編み　棒針12号　14目19段が10cm角

できあがり寸法：胸囲100cm、着丈58.5cm、肩幅54cm

作り方：糸は1本どりで編みます。

前後身頃は一般的な作り目で編み始めます。

ゴム編みを12段編んだら針をかえ、メリヤス編みと1目ゴム編みで編みます。

肩はかぶせはぎします。前後身頃から拾い目をして脇を編みます。

ベルトを編んでメリヤスはぎでつけます。

襟を編んで1目ゴム編み止めします。

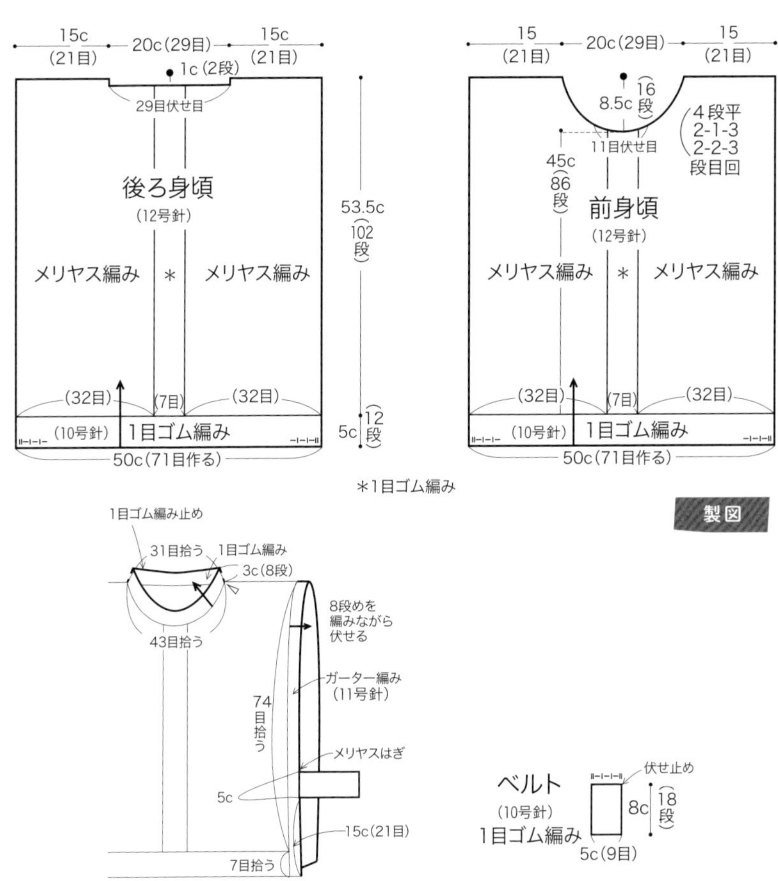

編み図 ★ベスト 前後身頃

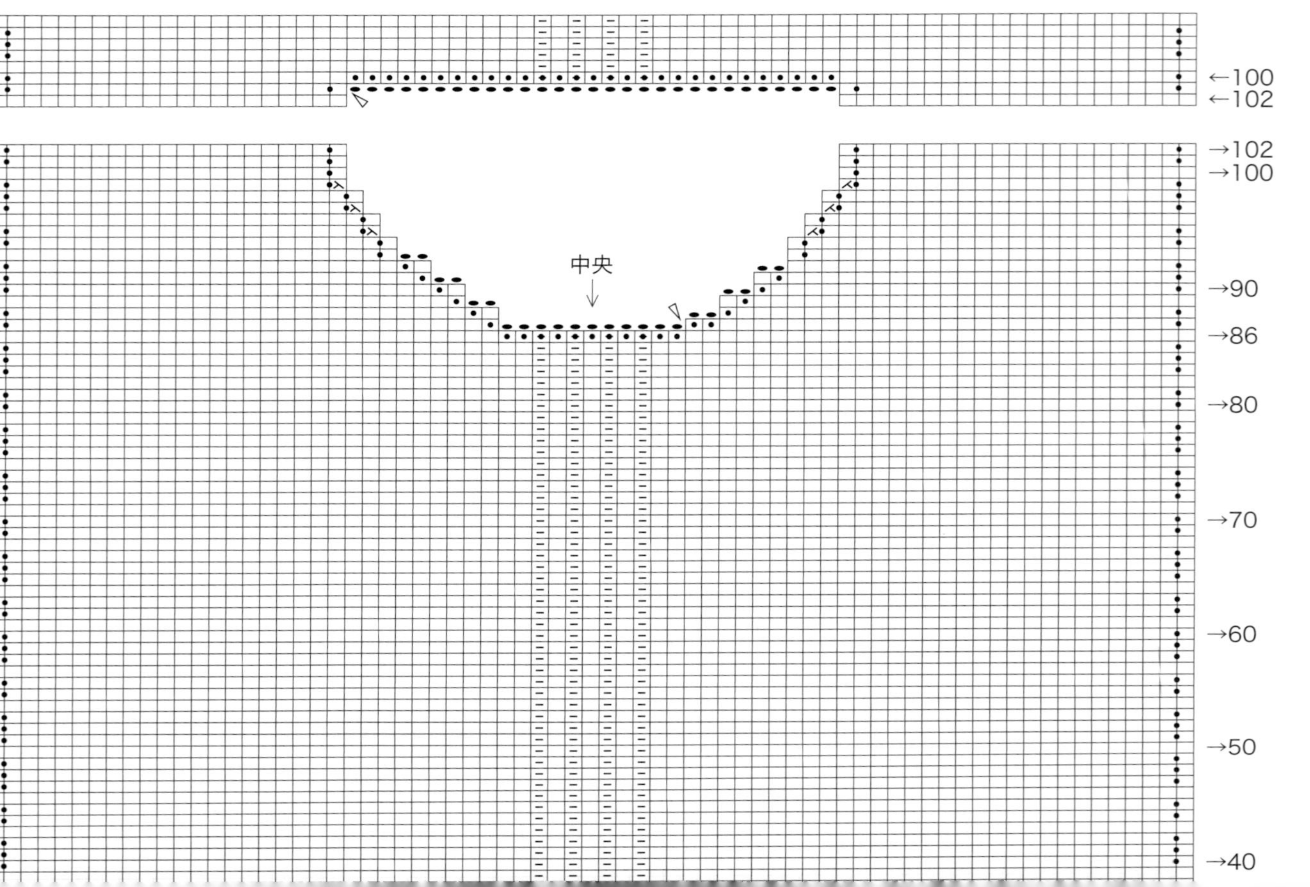

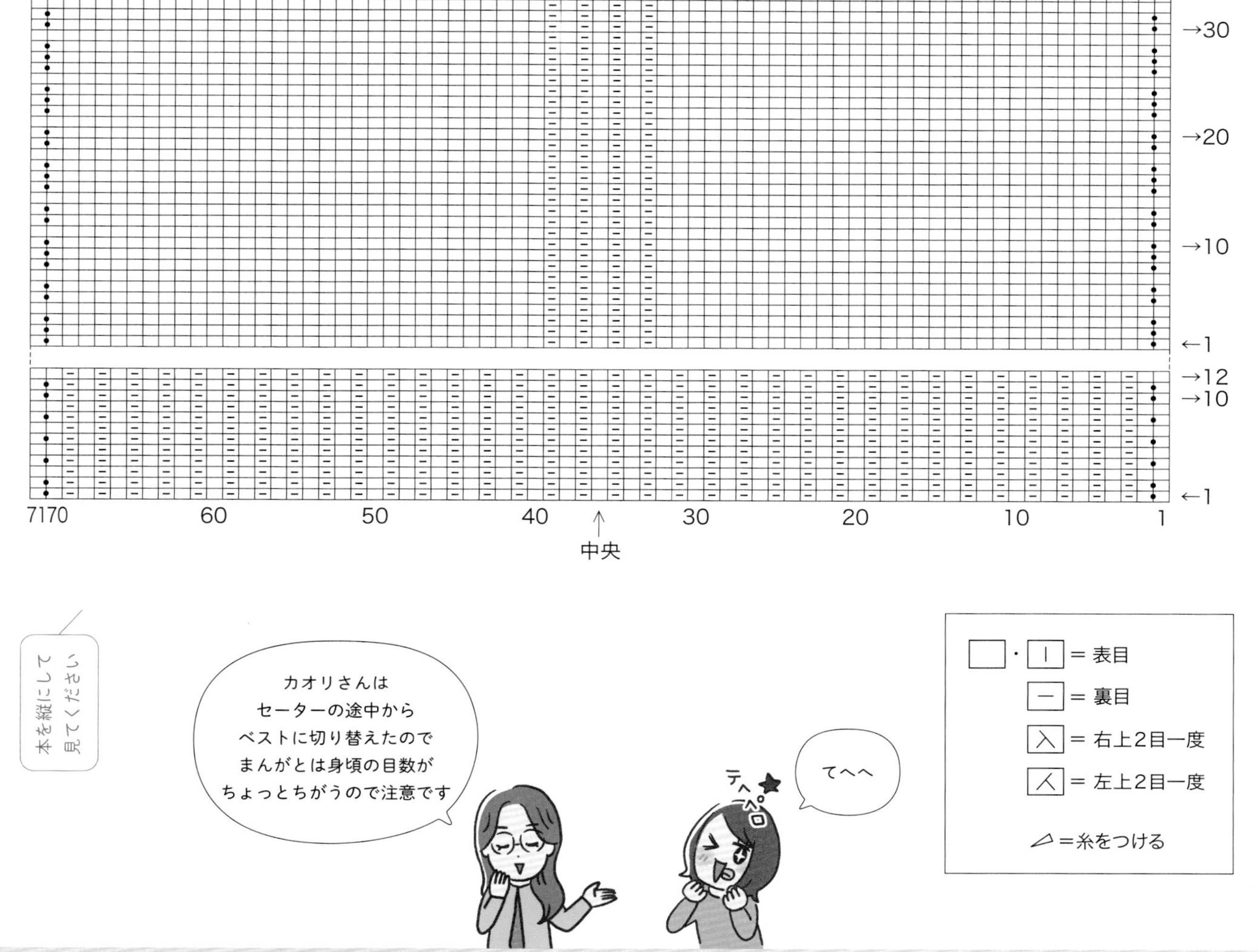
→30
→20
→10
←1
→12
→10
←1
71
70
60
50
40
30
20
10
1
中央
本を縦にして見てください
カオリさんは
セーターの途中から
ベストに切り替えたので
まんがとは身頃の目数が
ちょっとちがうので注意です
テヘペロ
てへへ
□・|＝表目
－＝裏目
入＝右上2目一度
人＝左上2目一度
△＝糸をつける

もっと知りたい Q&A

Q 輪針って持っておいたほうがいいんですか？

A 持っていると便利

輪針は無理に揃える必要はないけれど、輪針を使って棒針のように往復に編むこともできるから、持っているともちろん便利。コード部分はやわらかいから持ち運びもコンパクト。いつでも編みたいときにバッグから取り出して編めるからおすすめ。

Q 実際にセーターからベストにできる？

A おすすめはしません

アイテムや、サイズの変更は技術や経験が必要。例えば袖ぐりのカーブをベスト用に変えて計算するとか、縁編みの目数を何目拾ったらいいか？など自分でアレンジできないと形にならないから、初めての場合は避けたほうが無難です。ベストを編みたいときは、初めからベストの載った本を選びましょう。

Q 編み目記号が□に省略されるのはなぜですか？

A 図を見やすくするためです！

例えば表編み⊡がずっと続くと、かなり見づらいですよね。そのため、□と省略されることが多いのです。注意が必要なのは省略されるのは表編みだけとは限りません。裏編み⊟が□と省略されることもあるので、編み始める前にきちんとチェックしましょう。

Chapter 5

番外編
もっと作りたい！

ウエアを一着作ったら、
もっといろいろなものを作りたくなるのは当然。
ここからは、様々なバリエーションのウエアと、
合間に作りたい小物の作り方を紹介します。

年明け
ワイ
ワイ
ワイ
ワイ
次何作ろうかな～
先生これって…
あ、これはですね
次もセーターですか？
はい♪一着作ったらなんか自信が出てきちゃって
ところでナカムラさんの着ているセーター素敵ですね
セーターといえばこれ！という模様
アラン模様っていうんですよね
私もマフラーなら作ったことある！
アラン模様の種類
ケーブル柄
生命の木
ダイヤ柄
アイルランドの漁師が来ていた伝統的な模様なんですよ
組み合わせ次第でいろいろなデザインに仕上がるんです
私は昨年編みました
へえ～素敵～♪

リリコさんも編んでみたらどうですか？
ズイ
一見難しそうに見えるけど模様があるからか飽きずに編めますよ
ズイ
ズイ
う〜
難しそうだけど…やってみたいかも！
イエ〜イ
前回は結構急ぎめに編んだから今回はゆったり編めば次の冬にちょうどいいかもしれませんね
半年くらいかけて…
アラ素敵
ではこの本に載っているこのセーター編みたいです！
がんばれ〜
…カオリさんもアランのセーター編みますか？
ドキ
えっとーセーターはもう一度挑戦したいのですが〜
えーともうちょっと簡単そうなのを！
フフフ
わかりましたまた相談しましょう

編み始める前に
このセーターの
特徴を見て
おきましょう
最大の特徴は…
ずばりここ!
ビシッ
えっ
アラン模様
ではなく?
この袖は
ラグラン袖と
いうのは
知っていますか?
これは
ラグラン
Tシャツ
はい
斜めになってる
袖ですよね
はい
襟部分から脇にかけて
斜めのつなぎ目(ラグラン線)
があります
これが一番の特徴!

アラン模様の場合
袖と身頃の模様がつながっている
デザインが多いんですよ
へぇ〜
凝っていて
ますます素敵！
すぐにでも
編みたい!!
模様があるので
集中力が要りますが
リズムに乗って
編めると思いますよ
楽しんで
がんばるぞ〜
ファイト〜！

交差編みが
たくさんあって
もこもこしているん
ですよ

作り方

アランのセーター

動画で
\ チェック! /

front

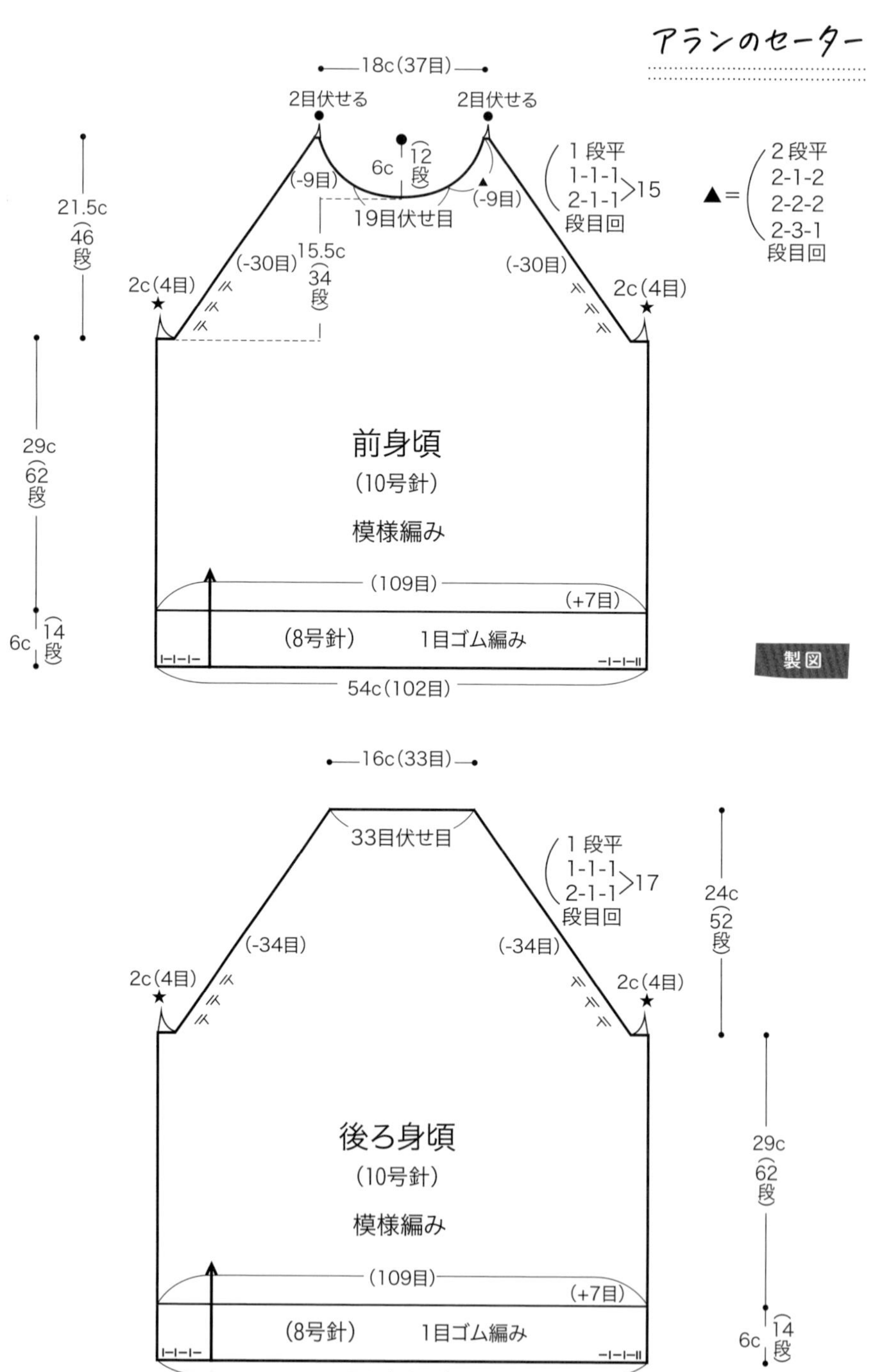
18c(37目)
2目伏せる
2目伏せる
6c
12段
(-9目)
(-9目)
19目伏せ目
1段平
1-1-1
2-1-1
>15
段目回
▲=
2段平
2-1-2
2-2-2
2-3-1
段目回
21.5c
46段
15.5c
34段
(-30目)
(-30目)
2c(4目)
2c(4目)
29c
62段
前身頃
(10号針)
模様編み
(109目)
(+7目)
6c
14段
(8号針)
1目ゴム編み
54c(102目)
製図
16c(33目)
33目伏せ目
1段平
1-1-1
2-1-1
>17
段目回
24c
52段
(-34目)
(-34目)
2c(4目)
2c(4目)
後ろ身頃
(10号針)
模様編み
29c
62段
(109目)
(+7目)
(8号針)
1目ゴム編み
6c
14段
54c(102目)

使用糸：パピー　ブリティッシュエロイカ　ベージュ（色番134）　584g（12玉）

使用針：2本棒針8号、10号　4本棒針8号

ゲージ：メリヤス編み　棒針10号　17目21段が10cm角

模様編み　棒針10号　20目21段が10cm角

できあがり寸法：胸囲108cm、着丈59cm、ゆき丈68cm

作り方：糸は1本どりで編みます。

前後身頃・袖は一般的な作り目で編み始めます。
ゴム編みを編んだら針をかえ、
模様編みをします。
ラグラン線は図のように減らし目します。
ラグラン線、脇、袖下をすくいとじし、
マチはメリヤスはぎにします。
襟を編んで1目ゴム編み止めします。

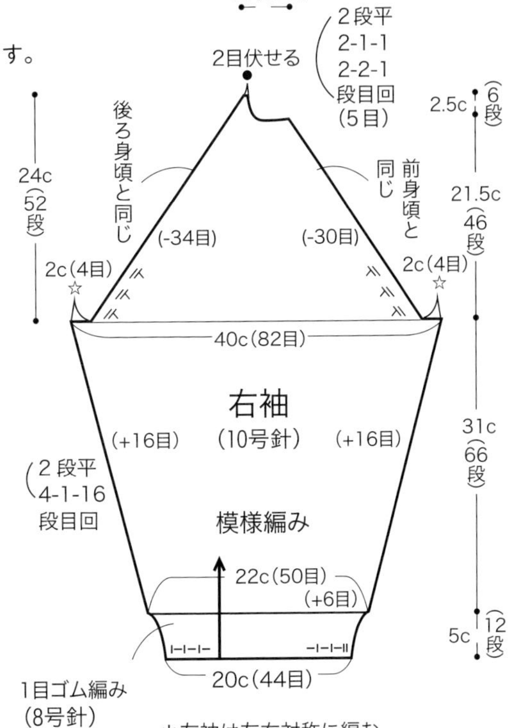

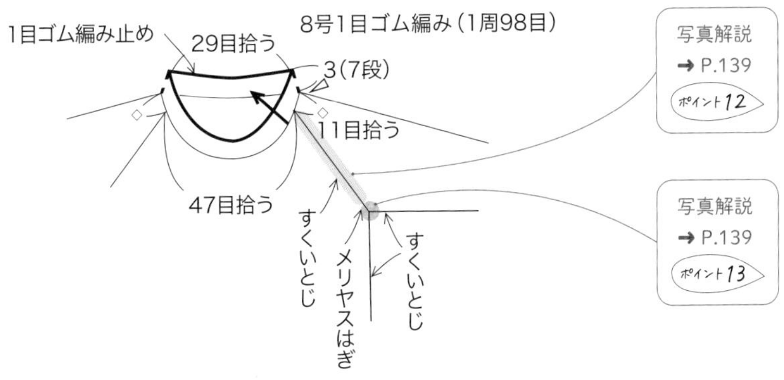

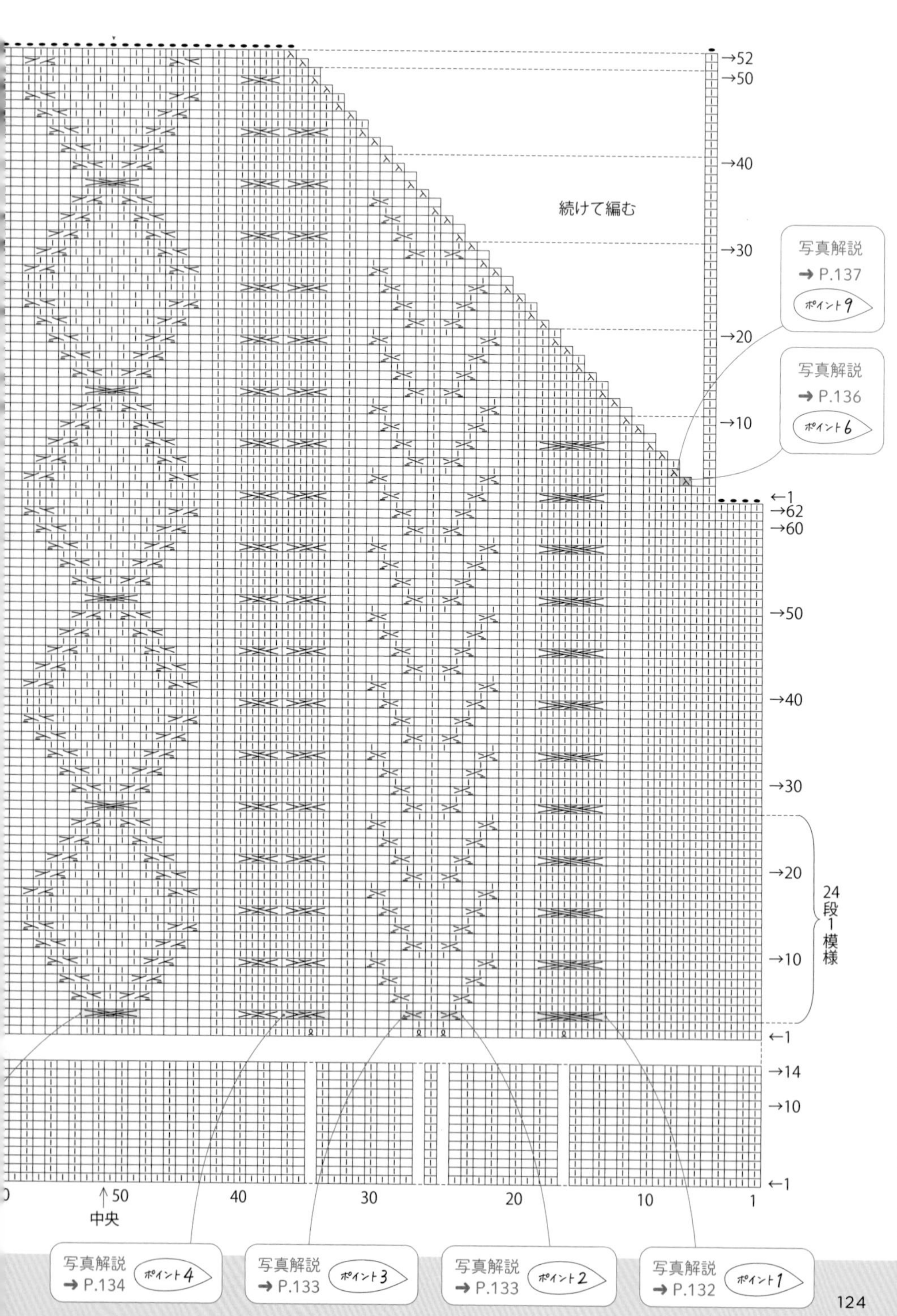

続けて編む
→52
→50
→40
→30
→20
→10
←1
→62
→60
→50
→40
→30
→20
→10
←1
24段1模様
→14
→10
←1
50
40
30
20
10
1
中央
写真解説 → P.137 ポイント9
写真解説 → P.136 ポイント6
写真解説 → P.134 ポイント4
写真解説 → P.133 ポイント3
写真解説 → P.133 ポイント2
写真解説 → P.132 ポイント1

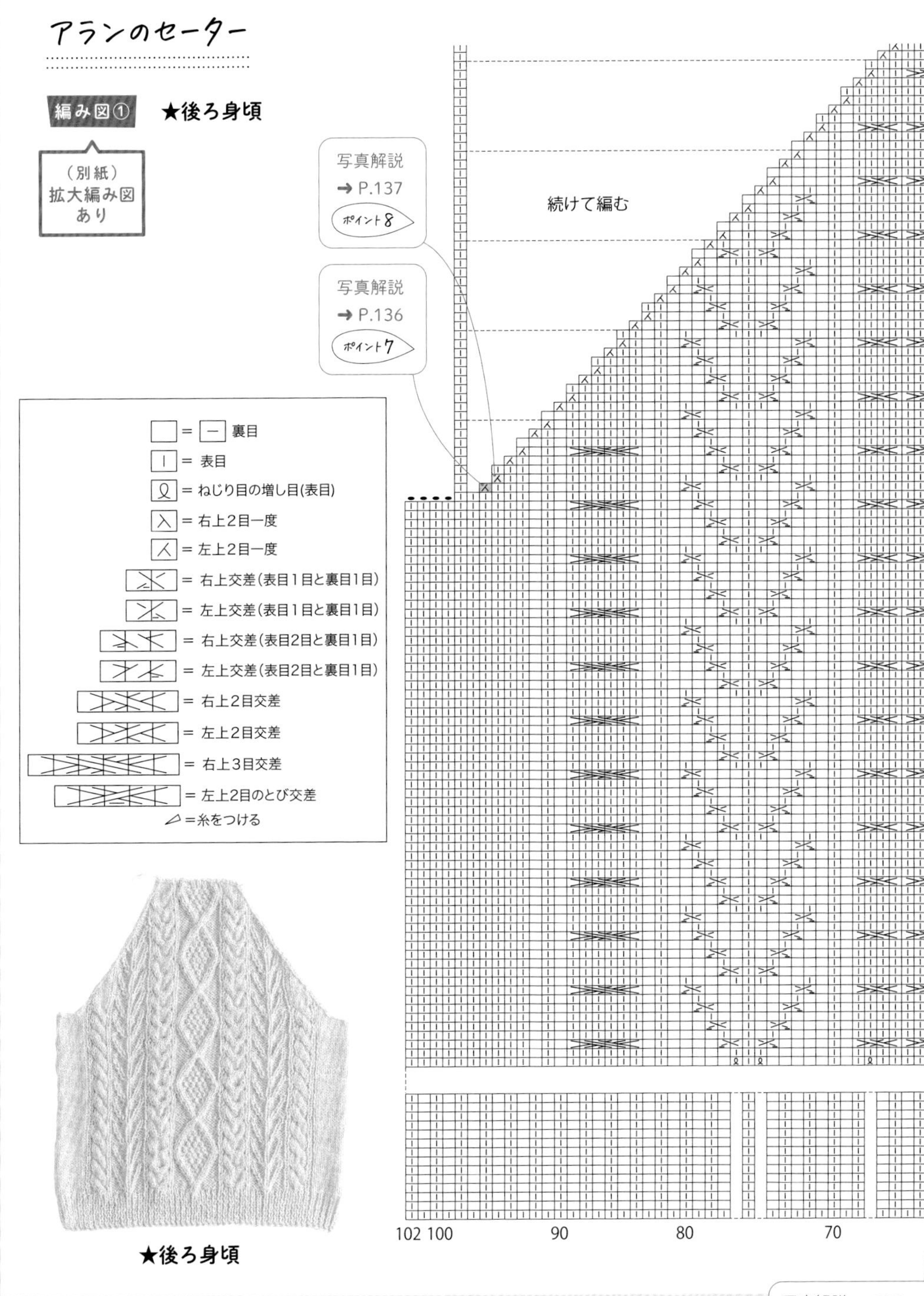

写真解説
→ P.135
ポイント5

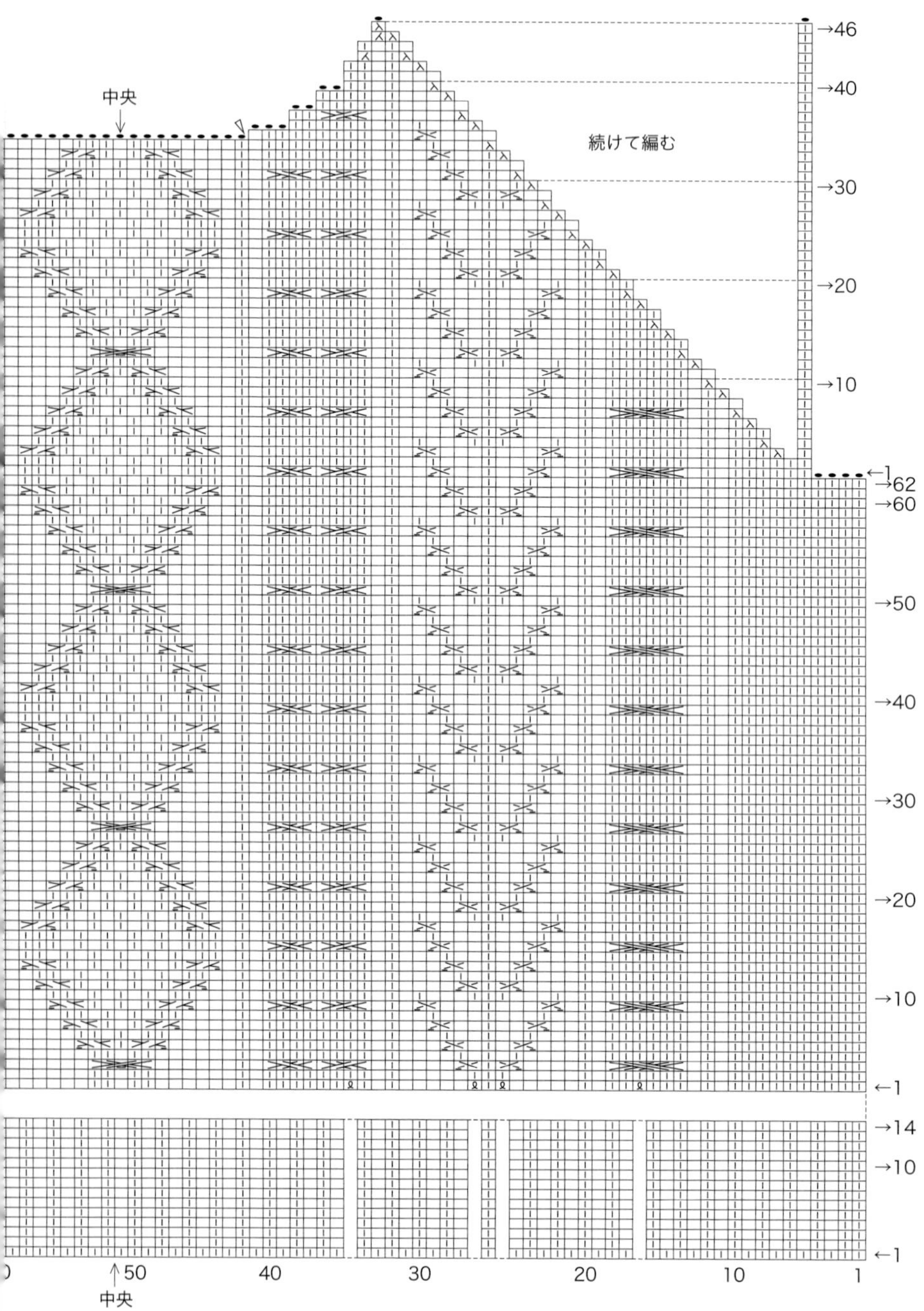

中央
続けて編む
→46
→40
→30
→20
→10
←1
→62
→60
→50
→40
→30
→20
→10
←1
→14
→10
←1
50
40
30
20
10
1
中央

アランのセーター

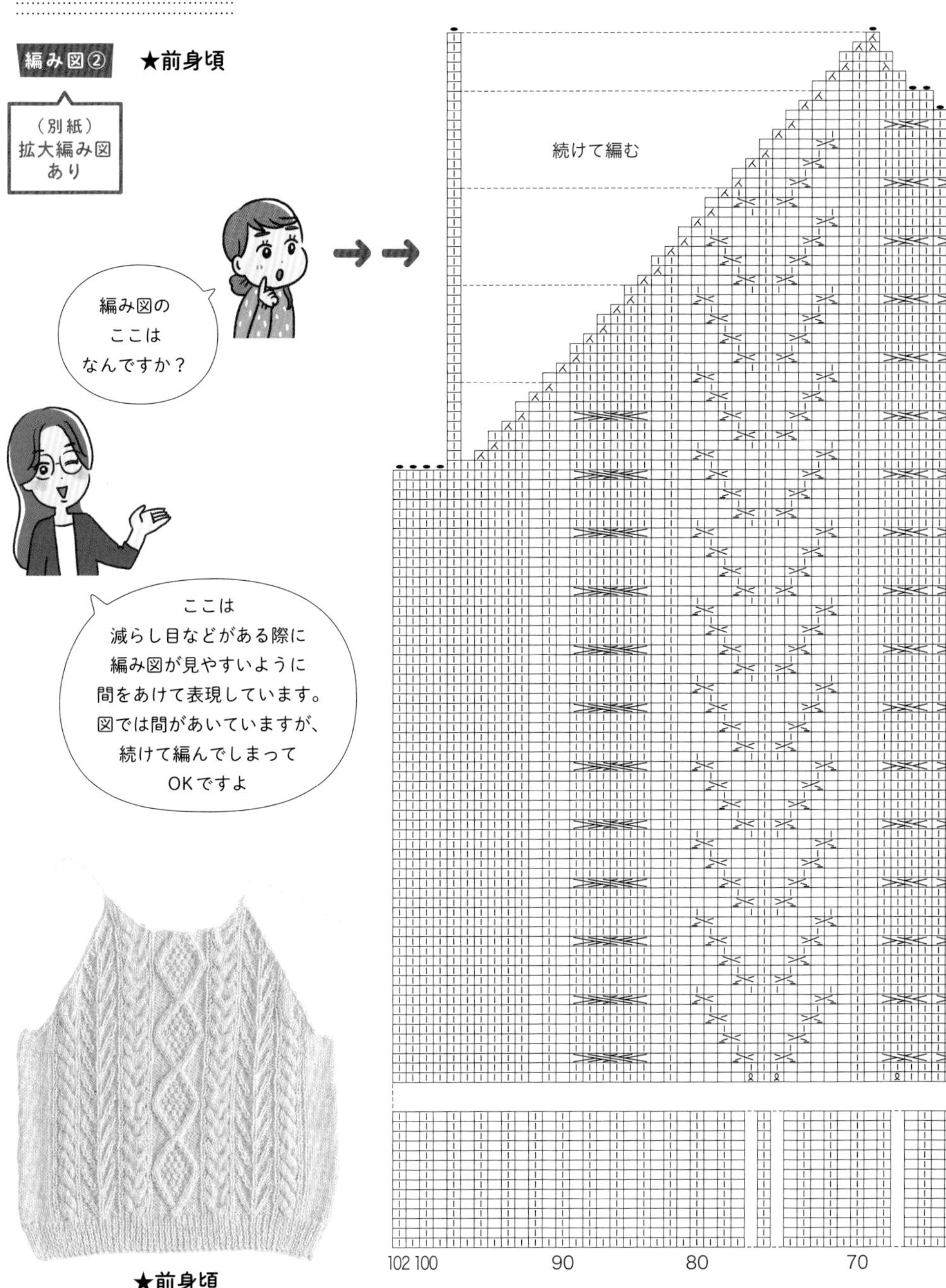

★前身頃

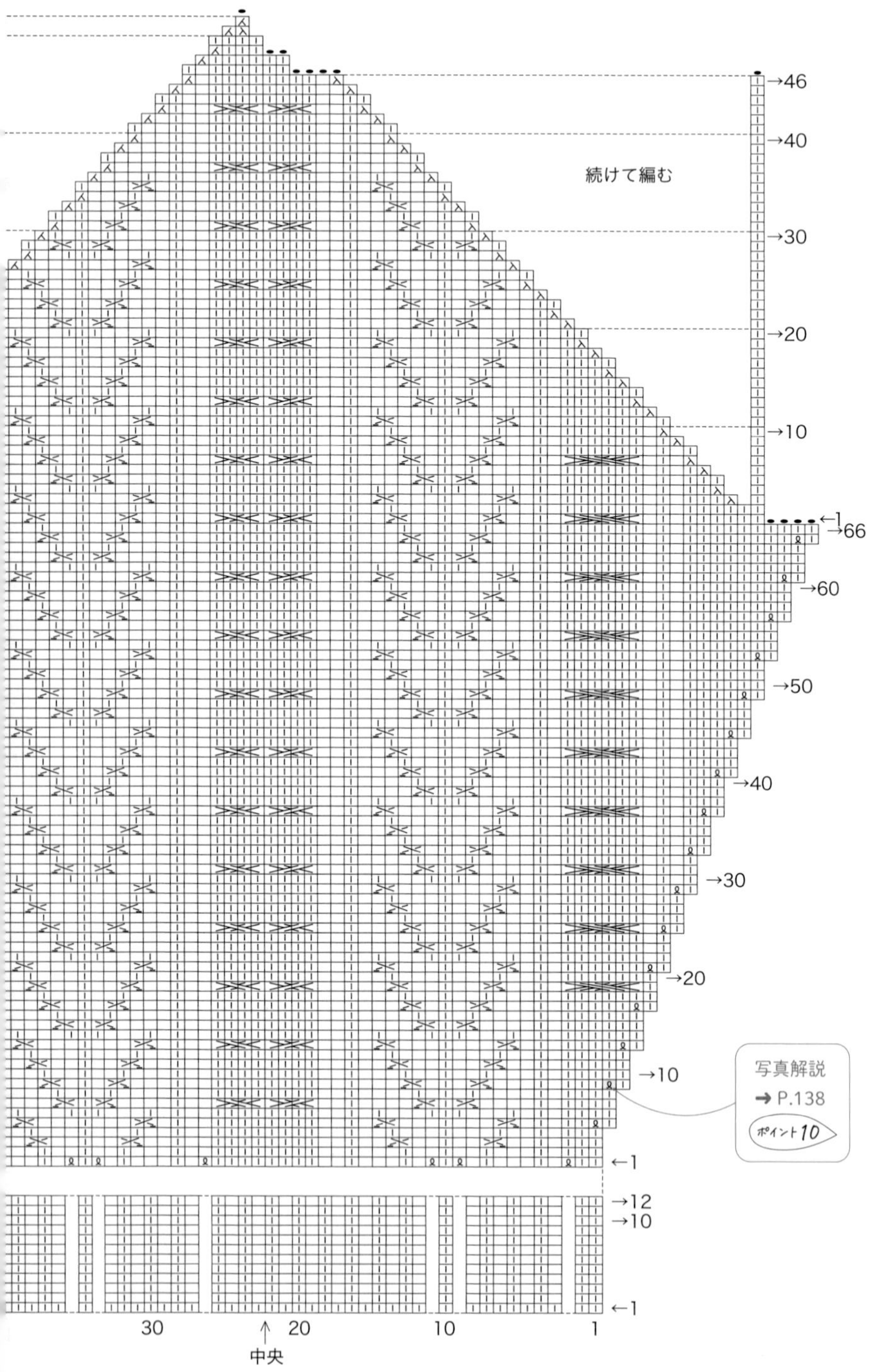
続けて編む
→46
→40
→30
→20
→10
←1
→66
→60
→50
→40
→30
→20
→10
←1
→12
→10
←1
30
20
10
1
中央
写真解説
➜ P.138
ポイント10

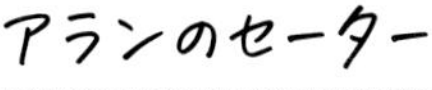

アランのセーター

編み図③ ★袖

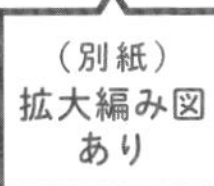

＼袖は左右対称に2枚編む！／

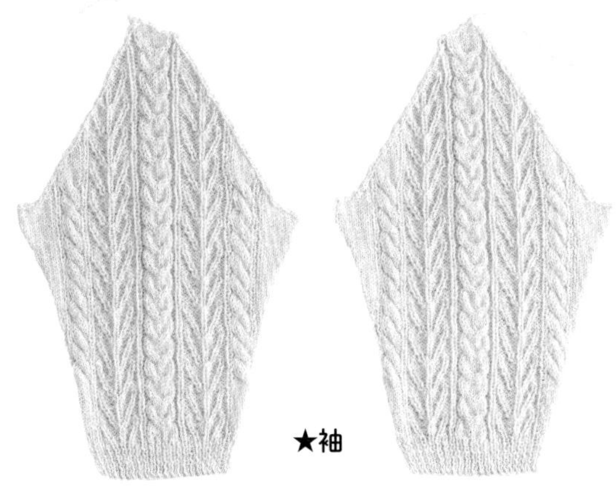

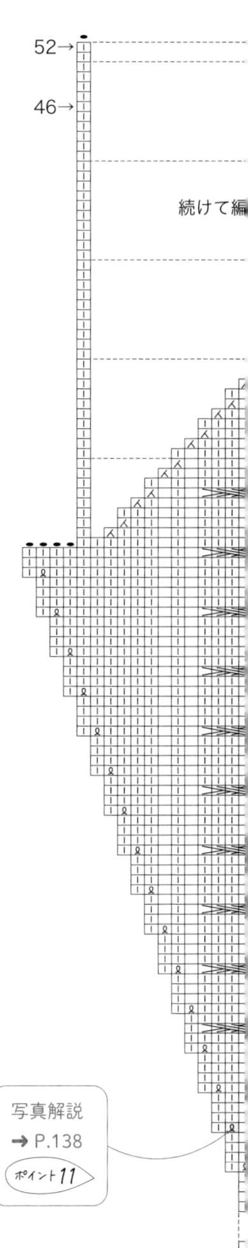

原寸大のゲージ

「アランのセーター」メリヤス編み

←「アランのセーター」模様編み

アランのセーター ポイント解説

ポイント1 右上3目交差

なわ編み針に、編まずに3目移します。

3目移したところ。

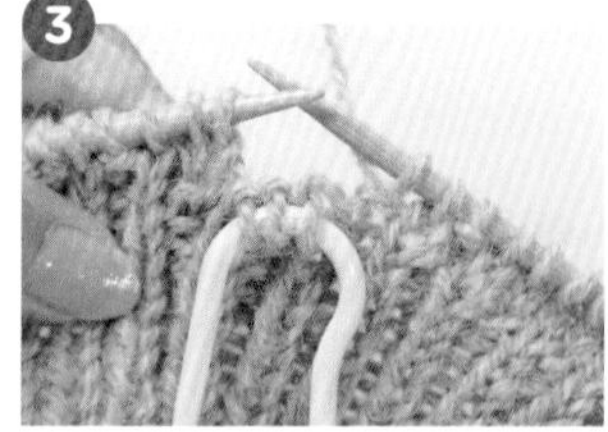

なわ編み針を編み地の手前側に休めておき、次の3目を表目で編みます。

3目編めました。左針を手前に休めておき、なわ編み針を持ちます。

なわ編み針に休めておいた3目を表目で編みます。

右上3目交差が編めました。

ポイント2 左上交差（表目1目と裏目1目）

1 なわ編み針に、編まずに1目移します。

2 なわ編み針を編み地の向こう側に休めておき、次の1目を表目で編みます。

3 なわ編み針に休めておいた1目を裏目で編みます。

4 左上1目と裏目の交差が編めました。

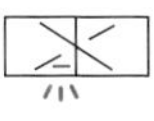

交差の記号の
下にある横線は
裏目で編むことを
表しています

ポイント3 右上交差（表目1目と裏目1目）

1 なわ編み針に、編まずに1目移します。

2 なわ編み針を編み地の手前側に休めておき、次の1目を裏目で編みます。

こちらも交差の
下側になるほうの目を
裏目で編みます

3 なわ編み針に休めておいた1目を表目で編みます。

4 右上1目と裏目の交差が編めました。

ポイント4 左上2目交差

なわ編み針に編まずに2目移します。

なわ編み針を編み地の向こう側に休めておき、次の2目を表目で編みます。

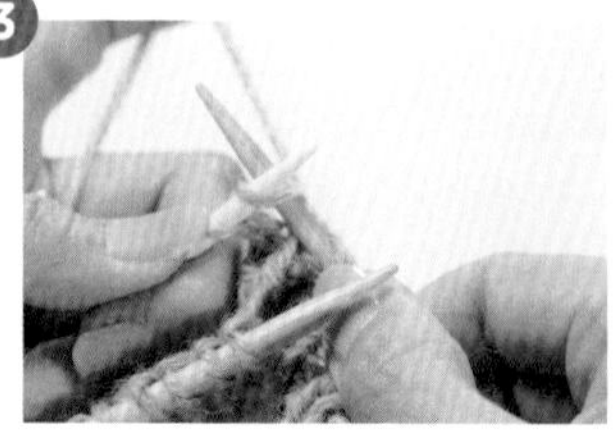

なわ編み針に休めておいた2目を表目で編みます。

左上2目交差が編めました。

ちなみに「右上2目交差」はなわ編み針に移した目を向こう側ではなく手前側に休めておき、次の2目を表目で編んでからなわ編み針に休めておいた2目を表目で編みます

右上2目交差

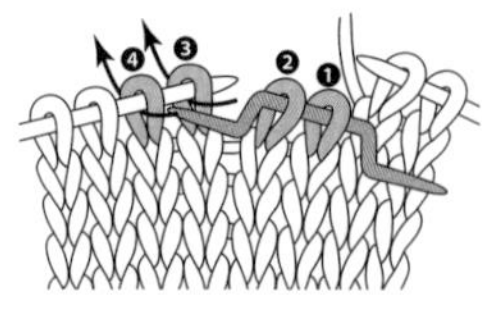

①なわ編み針に右側の2目を移す。❸❹の目に手前から針を入れ、表編みする。

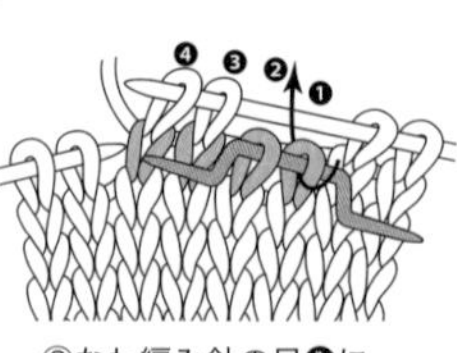

②なわ編み針の目❶に針を入れ、表編みする。

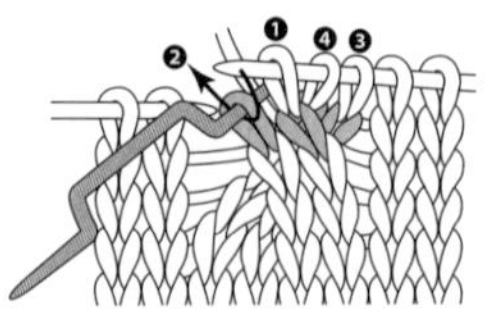

③なわ編み針の目❷に針を入れ、表編みする。

ポイント5 左上2目のとび交差

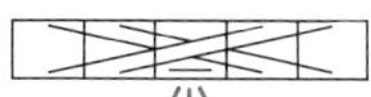

なわ編み針に編まずに3目移します。

3目移したところ。

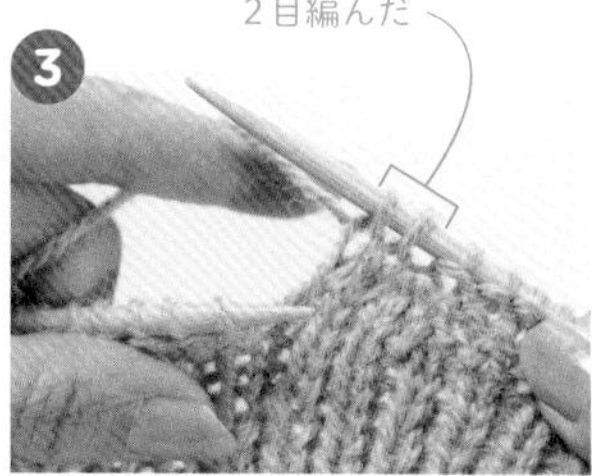

なわ編み針を編み地の向こう側に休めておき、次の2目を表目で編みます。

休めておいたなわ編み針のうち左端の1目を左針に戻します。

なわ編み針を編み地の手前側に休めておきます。

❹で移した目を裏目で編みます。

なわ編み針の残りの2目を表目で編みます。

左上2目のとび交差（表目2目と中央に裏目1目）が編めました。

ポイント6　右端で1目減らす（奇数段の右上2目一度）

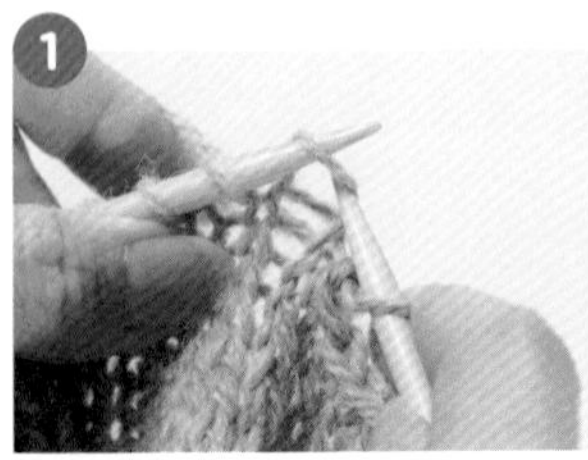

1目めを表目で編みます。

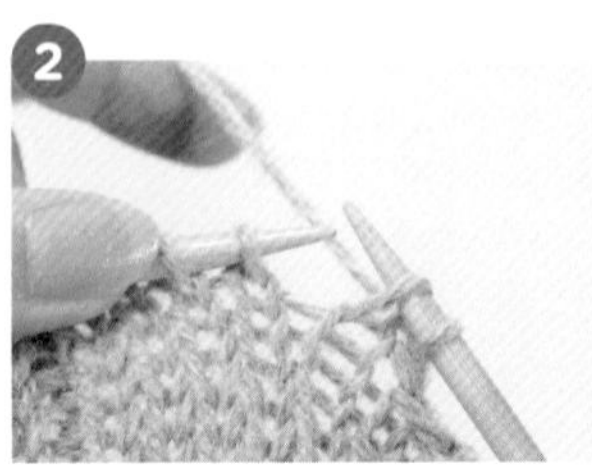

右上2目一度を編みます。1目めは表目の要領で針を入れ、そのまま編まずに右の針に移します。

2目めを表目で編みます。

左の針を❷で移した目に入れ、❸で編んだ目にかぶせて針から外します。

右上2目一度が編め、1目減りました。

ポイント7　左端で1目減らす（奇数段の左上2目一度）

左の針の残り3目まで編んだら、左の針の2目に手前側から一度に針を入れて表目を編みます。

左上2目一度が編め、1目減りました。

ポイント6、7は
表（おもて）を見ながら
編んでいますよ

ポイント8　左端で1目減らす（偶数段の左上2目一度）

1目めを裏目で編んだら、2、3目めは裏目の要領で一度に針を入れて裏目で編みます。

左上2目一度が編め、1目減りました。

ポイント9　右端で1目減らす（偶数段の右上2目一度）

左針の3目手前まで編んだら、手前側から針を入れて編まずに右針に移します。

1目移したところ。

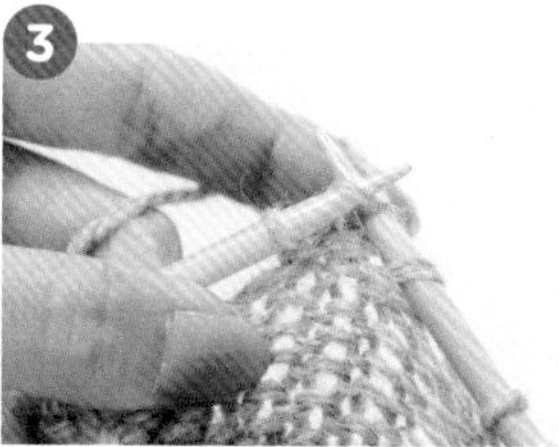
同じ要領で次の1目に手前側から針を入れて右針に移します。

2目移したところ。

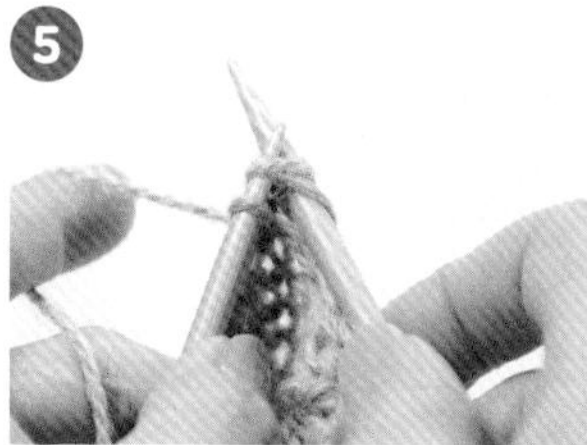
左針を移した2目の右側から一度に針を入れ、左針に戻します。

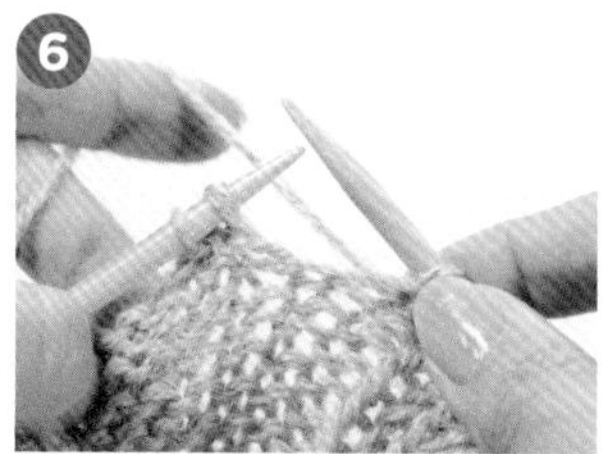
目の順序が入れ替わりました。

2目に一度に右針を入れ、裏目で編みます。

右上2目一度が編め、1目減りました。

ポイント10 ねじり目の増し目 ℓ（右端）

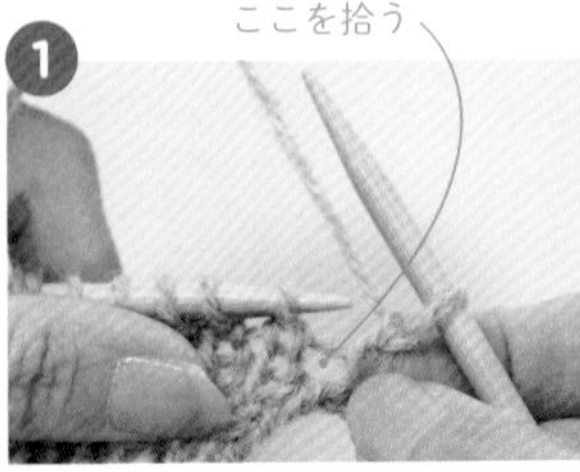

1 前段の渡り糸に左針を手前側から入れてすくいます。

2 すくったところ。

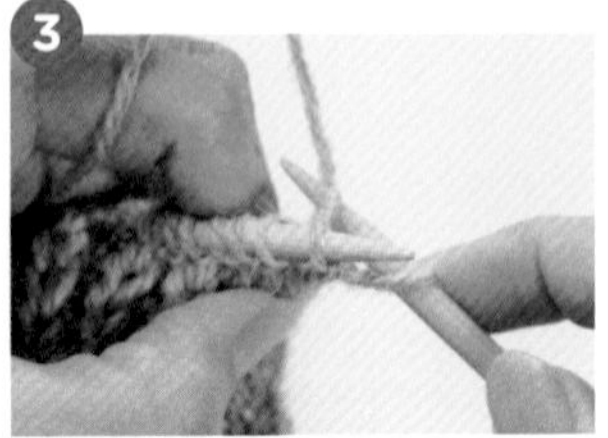

3 左針にすくった目を右針で向こう側から針を入れ、表目を編みます。

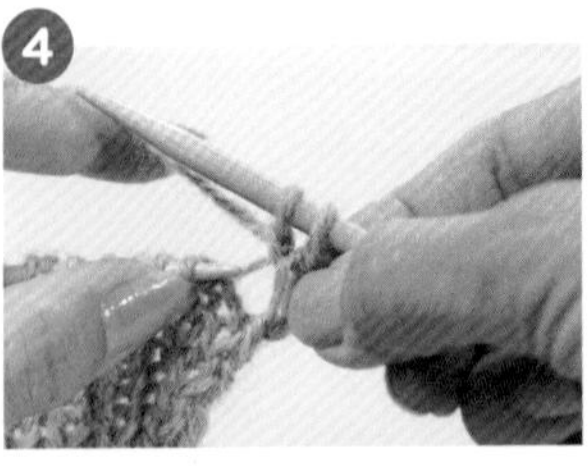

4 右の糸が上になってねじり目が編めました。

5 目と目の間に1目増えました。

目と目の間にある
前段の渡り糸を
シンカーループ
と呼びます

ポイント11 ねじり目の増し目 ℓ（左端）

1 左針の1目手前まで編み、前段の渡り糸を左針ですくいます。

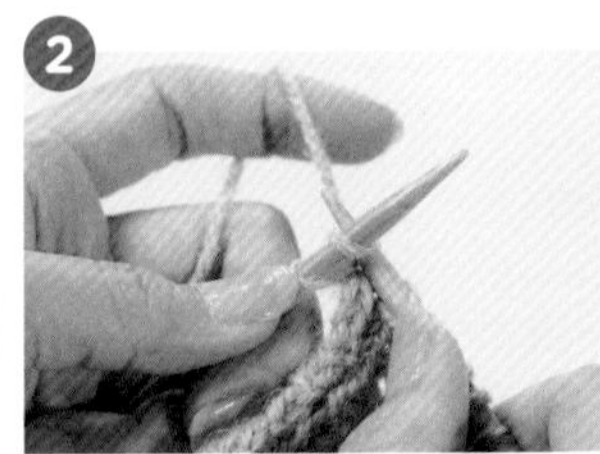

2 針の手前で表目を編みます。

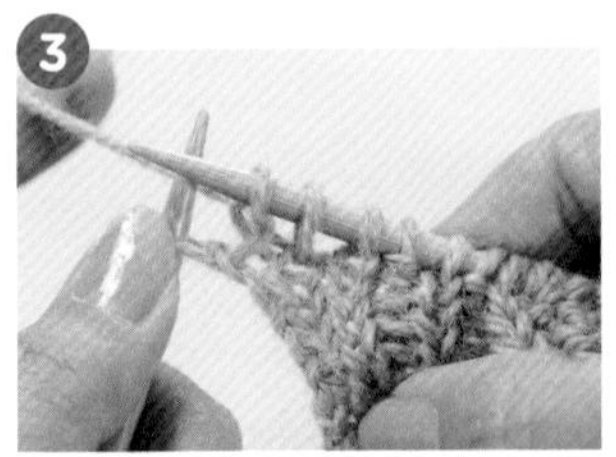

3 左の糸が上になってねじり目が編めました。

ねじり目の向きは
左右対称に
なるように編みます

ポイント12 ラグラン線をすくいとじする

身頃と袖の表側を上にし、とじ針に糸を通して裏側から針を出してとじ合わせます。ラグラン線をすくいとじでとじ合わせます。

ポイント13 脇のマチをメリヤスはぎする

1 袖下、脇を矢印の方向にすくいとじでとじ合わせます。このとき、平らな脇の部分（マチ）はあけておきます。

2 右側から線のようにすくいながらメリヤスはぎ（→P.108）ではぎ合わせます。

3 はいだ糸の目が見えないように糸は引き締めます。すくいとじとメリヤスはぎの境目は穴があかないように気をつけましょう。

2月
ふーむ…
先生！
真冬じゃなくてもセーターって着ていいですよね！
ええ
コットンの糸で編めば春や秋にも着られるウエアが作れますよ
ふわふわの毛糸
冬物に
ふわ
ふわ
コットンの毛糸
春物・秋物に
さら
さら
夏物の手編みウエアもたくさん！
かぎ針の作品も多いですが棒針でももちろん作れます
ですよね！先生、この作品かわいくないですか？
大人っぽくて素敵！模様部分はガーンジー模様なのでそこまで複雑じゃないですし！
よし！次はこれを編もう！
がんばるぞ〜っ
7分丈だから早く作れそうというのもある
糸が細めな分労力もかかりそうですが…
フフフ

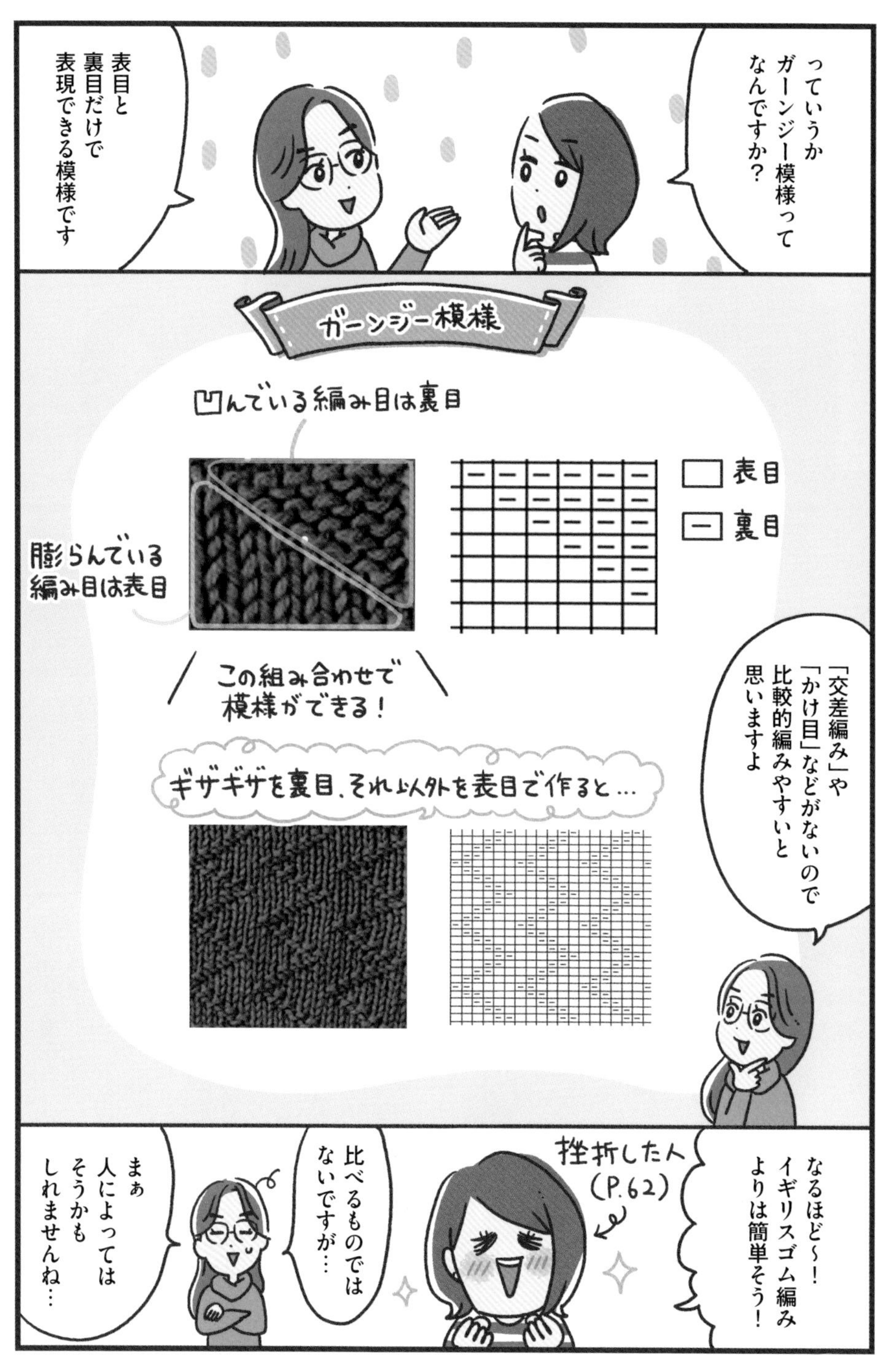

っていうか
ガージンジー模様って
なんですか？
表目と
裏目だけで
表現できる模様です
ガージンジー模様
凹んでいる編み目は裏目
膨らんでいる
編み目は表目
表目
裏目
この組み合わせで
模様ができる！
ギザギザを裏目、それ以外を表目で作ると…
「交差編み」や
「かけ目」などがないので
比較的編みやすいと
思いますよ
なるほど〜！
イギリスゴム編み
よりは簡単そう！
挫折した人
(P.62)
比べるものでは
ないですが…
まぁ
人によっては
そうかも
しれませんね…

フムフム
ガーンジー編み以外にもこの作品にはいくつか注意点がありますね
まず作り目使用する糸とは異なる糸（別糸）で鎖編みを編んでから目を拾って本体を編んでいきます
裾のゴム編みはあとで別糸をほどきながら目を拾い下に向かって編んでいくんです
本体
別糸の鎖編み
裾を編む
え〜と…ここまで意味分かりますか？
わかりません！
えーとまず一通り説明しちゃいますね
もっと難しく感じるのは肩の斜めのところかもしれません
もっと!?
引き返し編みといって肩下がりを編む方法です
少しずつ編み残して段を作り最後に「段消し」することでなめらかな編み地になります
引き返し編み
最後に「段消し」
編まずに「引き返す」
引き返し編みが終わったところ
段消しが終わったところ

あら…まぁ…
これは…
アラアラ…
ゴクリ
ここでは
考え方が
ざっくりわかれば
OK！
編み方は後ほど
説明しますから
あ
それから
袖のつけ方も
ちょっと複雑かも
しれません
ボッ
どんどん
出てくる～
うわーん
身頃を
中表に合わせてから
筒状にした袖を
中に入れてつなぐんです
うおぉ…
なんかいろいろ
大変そうだな…
やっぱりやめ
でも
そそくさ
ベストを
一着編めた
カオリさんなら
きっと
できます！
その都度詳しく
説明しますので
ぜひチャレンジ
してください！
ピカ
うぐぐ…
わかりました!!
目指せ！
今年の秋に
着られる
セーターを！

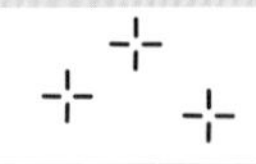

作り方

ガーンジー編みのセーター

襟は
編みっぱなしなので
くるんと丸まります

back

使用糸：DARUMA ニッティングコットン　オリーブ（色番12）　386g（8玉）

使用針：2本棒針5、7号　4本棒針7号

ゲージ：メリヤス編み　棒針7号　19目26段が10cm角

模様編み　棒針7号　19目28段が10cm角

できあがり寸法：胸囲104cm、着丈54cm、肩幅38cm、袖丈41cm

作り方：糸は1本どりで編みます。

前後身頃・袖はあとからほどける作り目で編み始めます。

写真解説 ➜ P.152 ポイント1

メリヤス編みを編んだら別鎖をほどいてゴム編みを編み、

ゴム編み止めをします。

肩はかぶせはぎ、脇と袖下はすくいとじします。

袖を引き抜き編みでつけます。

写真解説 ➜ P.158 ポイント5

襟を編んで1目ゴム編み止めします。

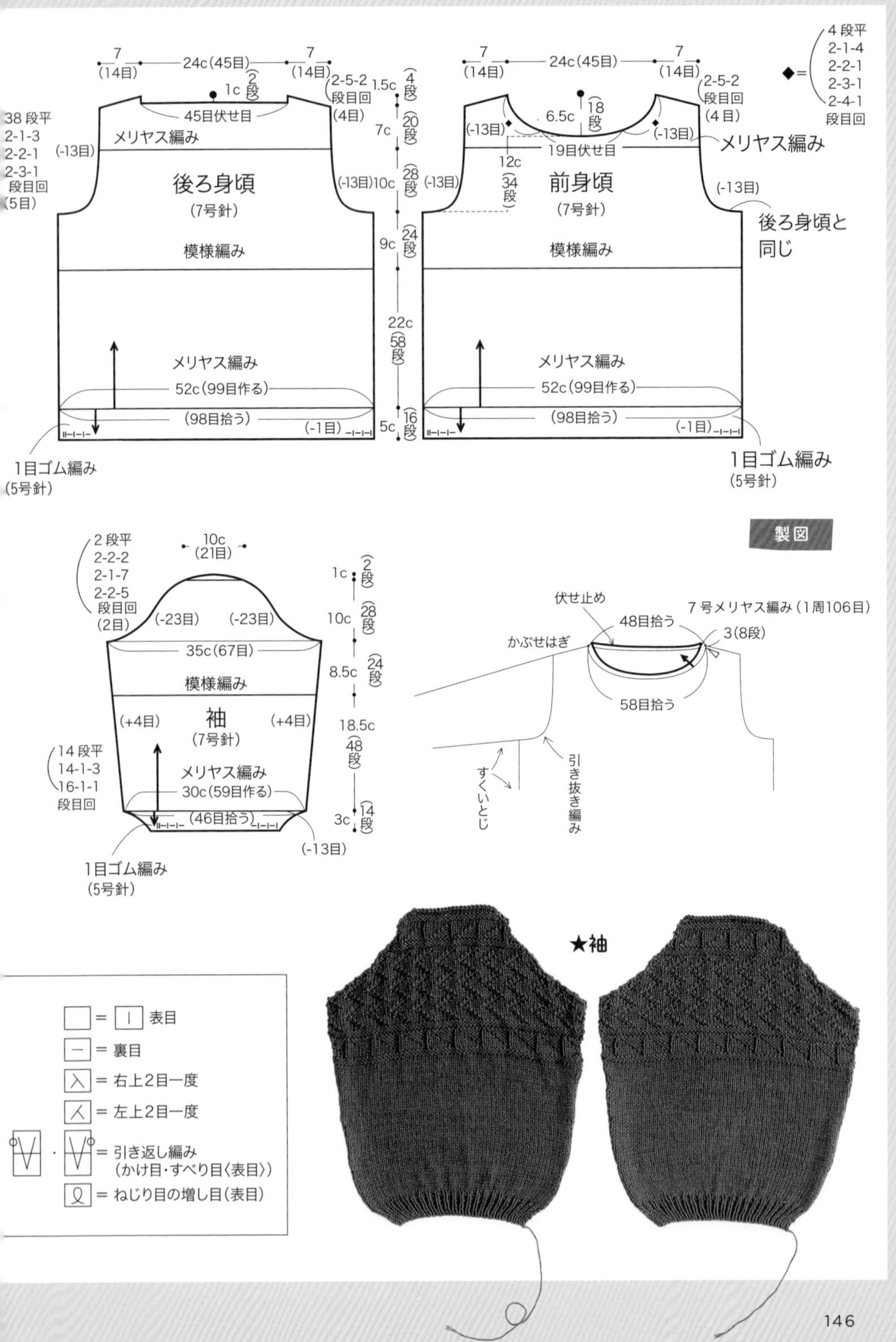

7
(14目)
24c(45目)
7
(14目)
1c 2段
45目伏せ目
38段平
2-1-3
2-2-1
2-3-1
段目回
(5目)
2-5-2
段目回
(4目)
メリヤス編み
(-13目)
後ろ身頃
(7号針)
模様編み
メリヤス編み
52c(99目作る)
(98目拾う)
(-1目)
1目ゴム編み
(5号針)
1.5c 4段
7c 20段
10c 28段
9c 24段
22c 58段
5c 16段
6.5c 18段
19目伏せ目
12c 34段
前身頃
(7号針)
後ろ身頃と同じ
4段平
2-1-4
2-2-1
2-3-1
2-4-1
段目回
◆=
製図
2段平
2-2-2
2-1-7
2-2-5
段目回
(2目)
10c
(21目)
(-23目)
35c(67目)
模様編み
袖
(7号針)
(+4目)
14段平
14-1-3
16-1-1
段目回
メリヤス編み
30c(59目作る)
(46目拾う)
(-13目)
1目ゴム編み
(5号針)
1c 2段
10c 28段
8.5c 24段
18.5c 48段
3c 14段
伏せ止め
48目拾う
7号メリヤス編み(1周106目)
3(8段)
かぶせはぎ
58目拾う
すくいとじ
引き抜き編み
★袖
= 表目
= 裏目
= 右上2目一度
= 左上2目一度
= 引き返し編み
(かけ目・すべり目〈表目〉)
= ねじり目の増し目(表目)

ガーンジー編みのセーター

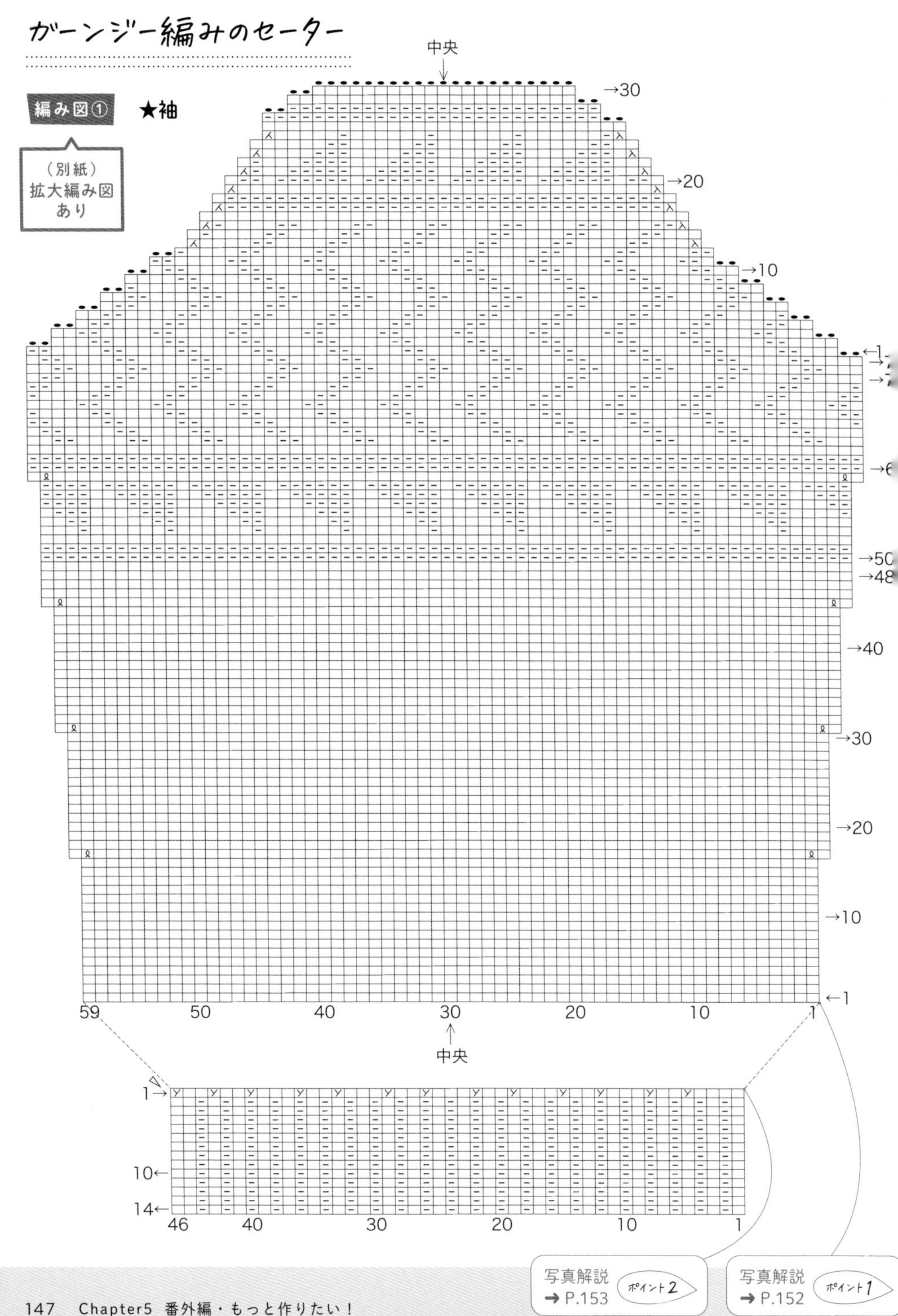

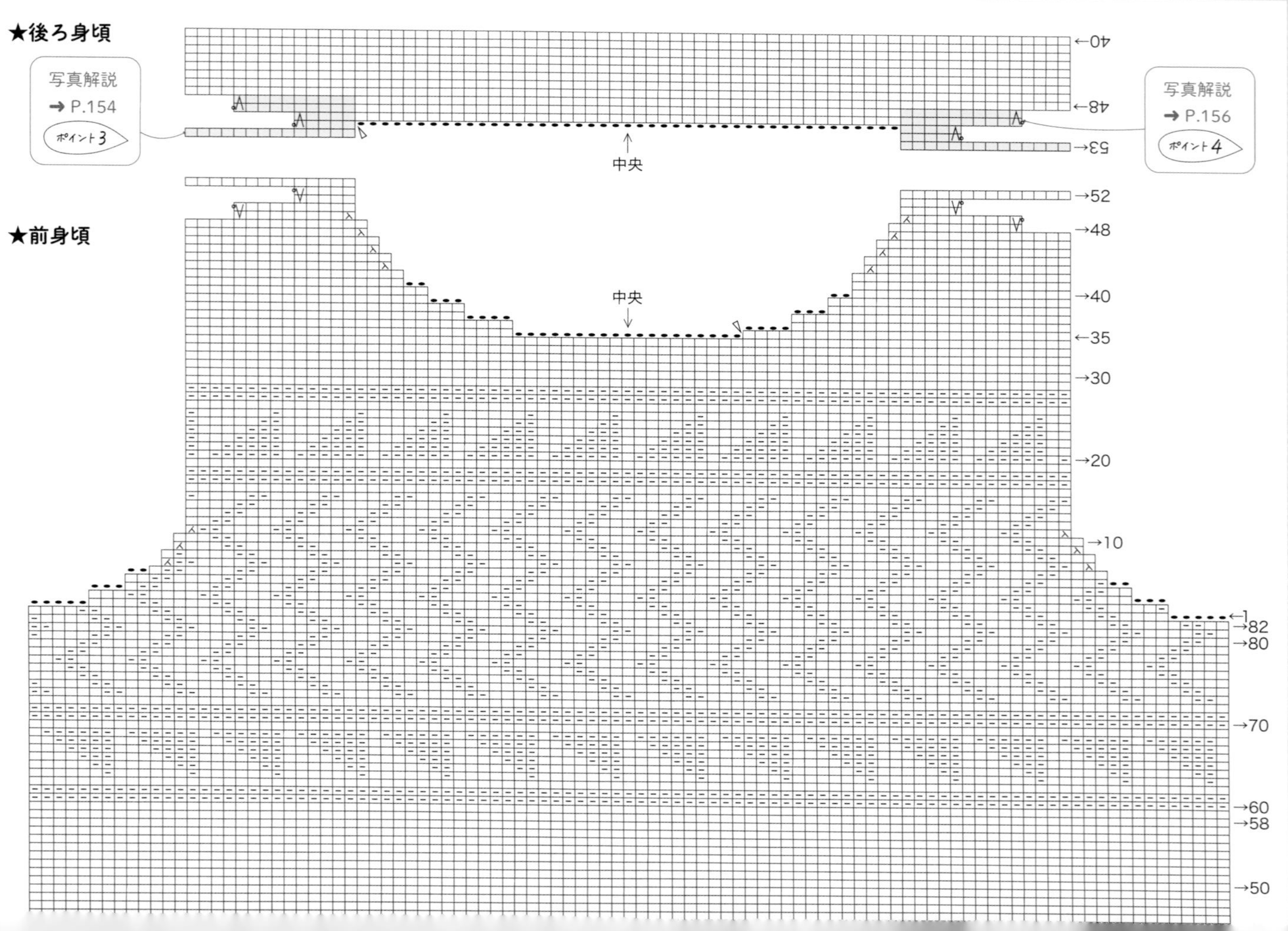
★後ろ身頃
写真解説
→ P.154
ポイント3
←40
←48
→53
中央
写真解説
→ P.156
ポイント4
★前身頃
中央
→52
→48
→40
←35
→30
→20
→10
←1
→82
→80
→70
→60
→58
→50

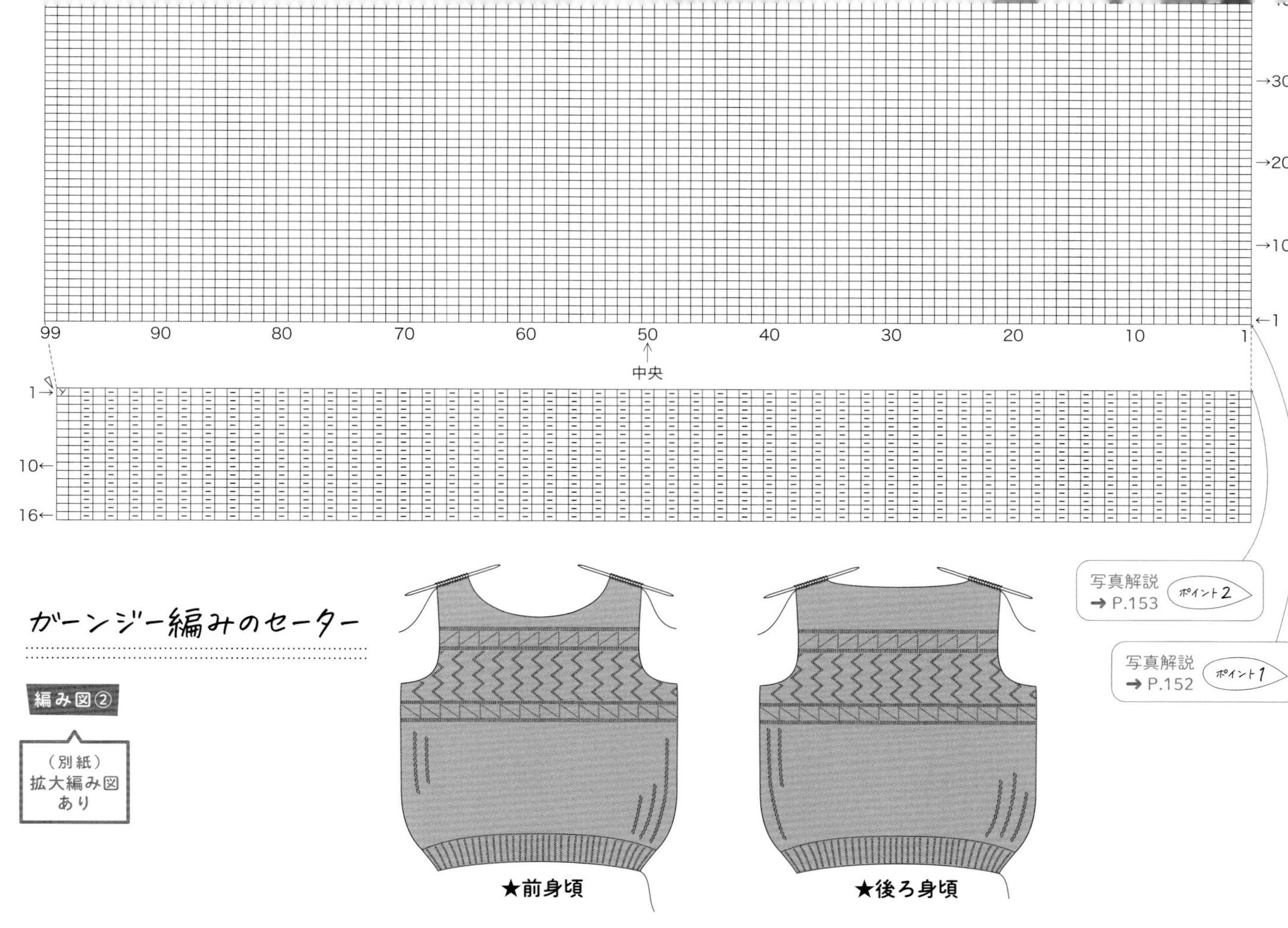
中央
ガーンジー編みのセーター
編み図②
（別紙）拡大編み図あり
★前身頃
★後ろ身頃
写真解説 → P.153 ポイント2
写真解説 → P.152 ポイント1

原寸大のゲージ

←「ガーンジー編みのセーター」メリヤス編み

↓「ガーンジー編みのセーター」模様編み

ガーンジー編みのセーター ポイント解説

ポイント1 別糸の鎖編みから拾う作り目

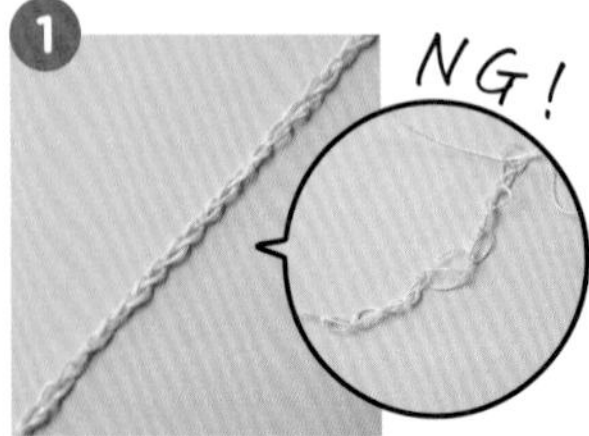

1 作り目の鎖編みは、目がきつかったり、ゆるかったりすると目が拾えません。目の大きさが揃うように力加減に気をつけましょう。

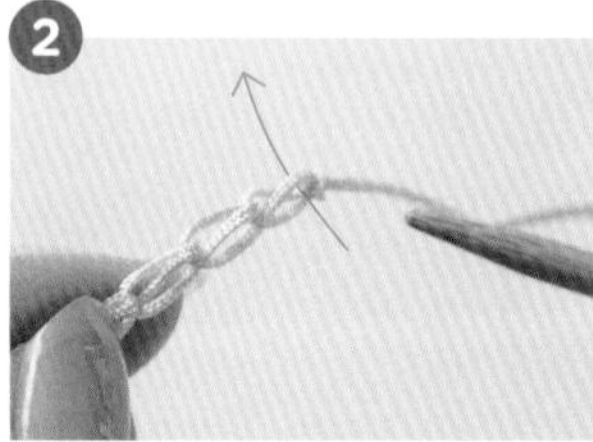

2 鎖編みの編み終わり側から棒針を矢印のように裏山に入れます。

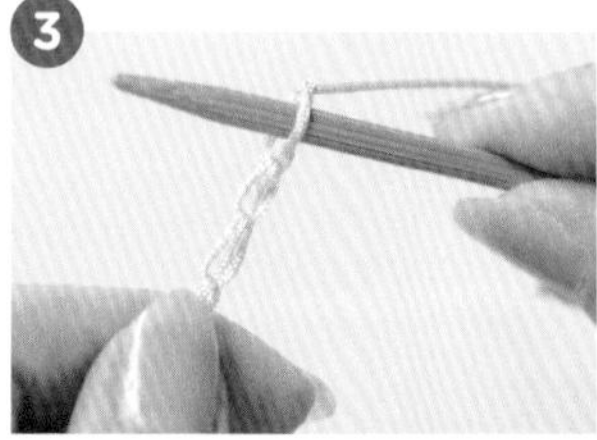

3 1目めに針を入れたところ。

4 針に糸をかけて引き出します。

5 1目できました。

6 同じ要領で裏山に針を入れ、糸を引き出して指定の目数を作ります。

作り目に使う、「編み出し糸」という専用の糸があります。絡んだり、もつれたりしにくい糸です。用意できないときは、あとからほどきやすい、すべりのいいコットンの糸を用意しましょう。別糸を使って作り目をするのは、本体を先に編み、編み終わったら作り目をほどいて下に向かって1目ゴム編みを編むため。あとから編むことで、着丈の調整ができたり裾や袖口もきれいに仕上がるからおすすめです

ポイント2 鎖編みのほどき方

作り目の最後の目をほどいて
糸端を出します。

鎖編みを１目ずつほどきます。
このとき一度にほどかないように
気をつけましょう。

ほどいた目を棒針で拾います。

１目拾ったところ。

同じ要領で鎖目を１目ずつ
ほどきながら目を拾います。

端まで拾ったところ。

最後は端の１本を拾います。

端の１本を拾ったところ。
別糸の鎖編みを外します。

左針に１目戻します。
拾い終わりました。

編み地の表を見ながら
１段めを編んでいきます。
糸端を左針の向こう側から
手前側にかけます。

端の目とかけた糸を
手前側から一緒にすくいます。

表目を編むように編みます。

ポイント3 引き返し編み（右側）

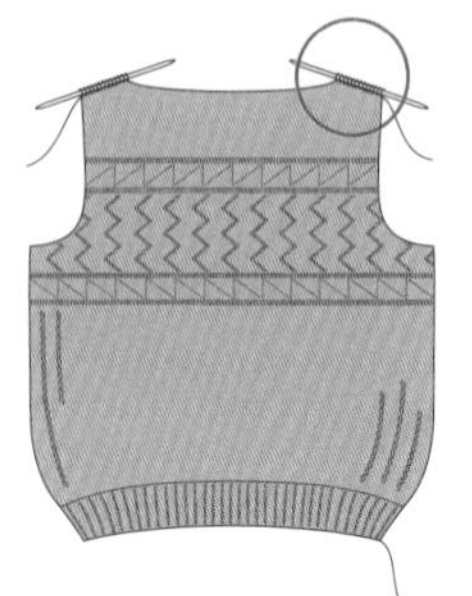

編む順番

ここでは左右に分けて説明していきますが、実際には左右の引き返しは50段めまで同時進行しながら編み、51段めの襟ぐりに糸をつけて伏せ止めをし、続けて左肩の51段めを編みます。

【48段め（裏側）】

左針の4目を編み残します。

【49段め（表側）】

編み地を表に返します。

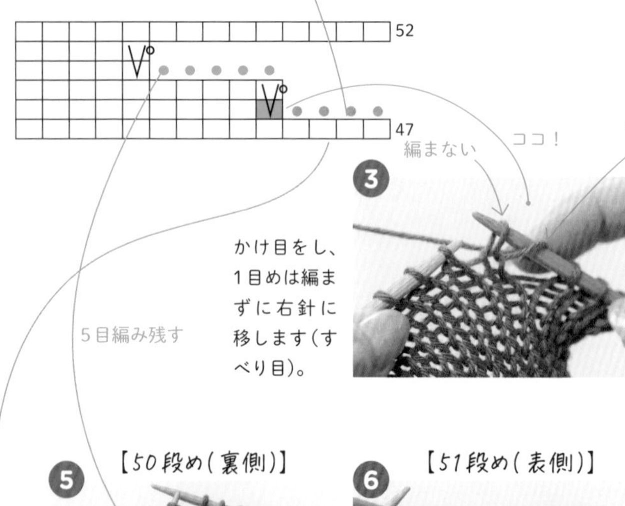

かけ目をし、1目めは編まずに右針に移します（すべり目）。

編み図通り編み進みます。

【50段め（裏側）】

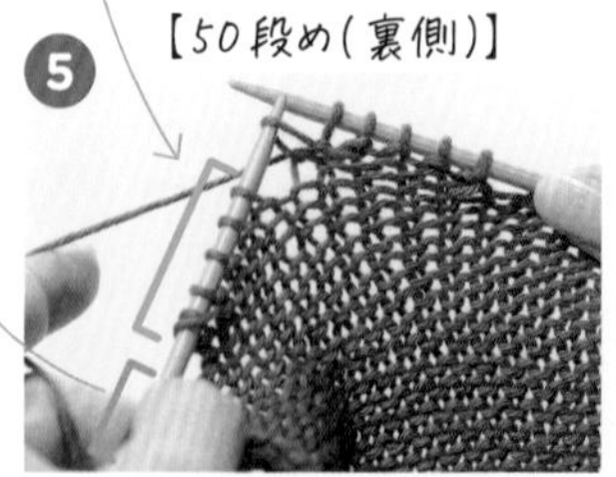

編み地を裏返します。左針の5目を編み残します。

【51段め（表側）】

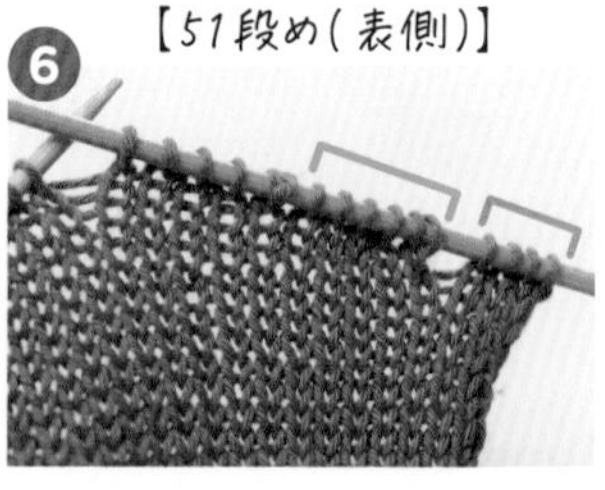

編み地を表に返し、かけ目とすべり目をして端まで編みます。

引き返し編みとは
肩などのなだらかな傾斜を
編む技法です。
針にかかった目を編み残し、
最後に引き返した境目を
整えながら段消しを編みます。
左右の肩は1段ずれるので
注意しましょう

【52段め(裏側)】

7

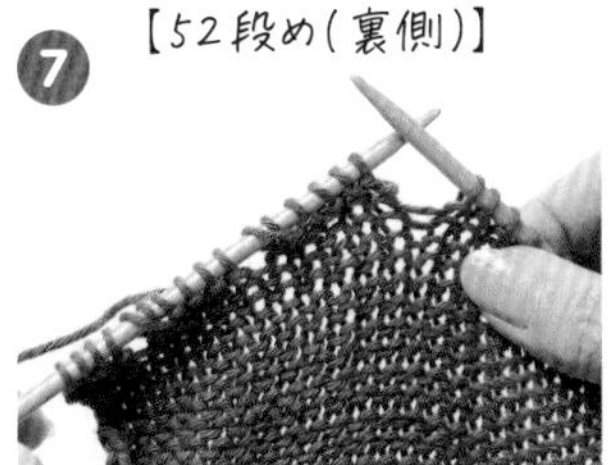

編み地を裏返し、
段消しの1段を編みます。

8

すべり目をした目まで
裏目で編みます。

9

かけ目を編まずに
表編みを編む要領で針を入れ、
右針に移します。

10

次の目を編まずに
表編みを編む要領で針を入れ、
右針に移します。

11

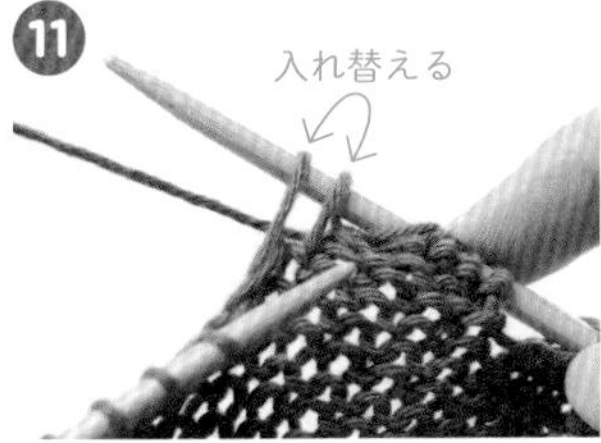

右の針に移した2目が落ちない
ように指で押さえながら、
かけ目が手前側になるように
目の位置を入れ替えます。

12

入れ替えた目を左針に戻します。

13

かけ目が手前側に重なっている
ことを確認します。

14

2目を一度に針を入れて裏目で編
みます。

15

2目一度に編めました。

同じ要領で次のすべり目まで編み、かけ目と次の目の位置を
入れ替えて2目一度に編みながら端まで編み進みます。
かけ目は裏側にあるので表側からは見えません。

ポイント4 引き返し編み（左側）

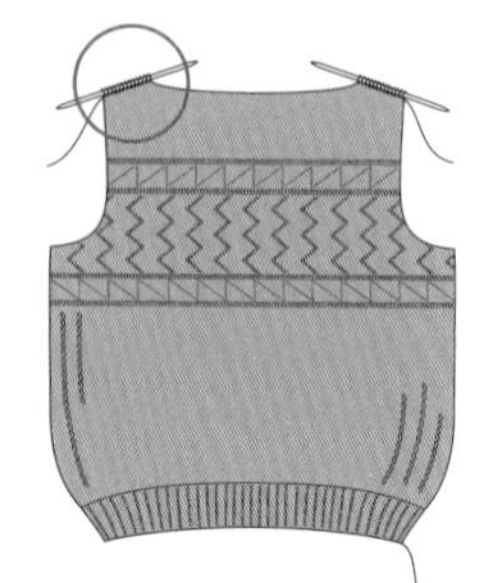

【49段め（表側）】

❶

左針の4目を編み残します。

【50段め（裏側）】

❷

編み地を裏に返します。

❸

かけ目をし、かけ目をした糸を手前まで回します。

ココ！

ココ！

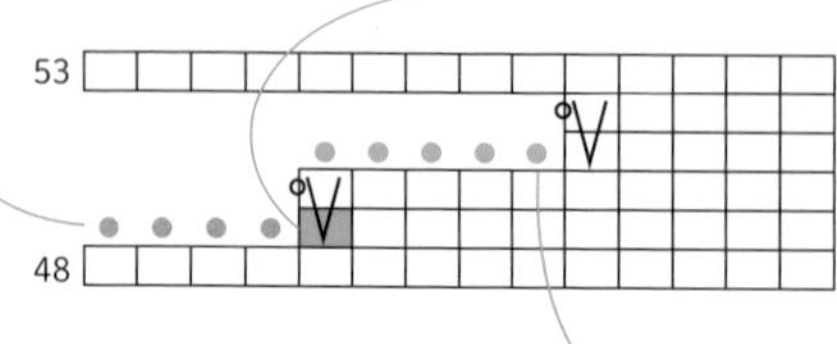

❹
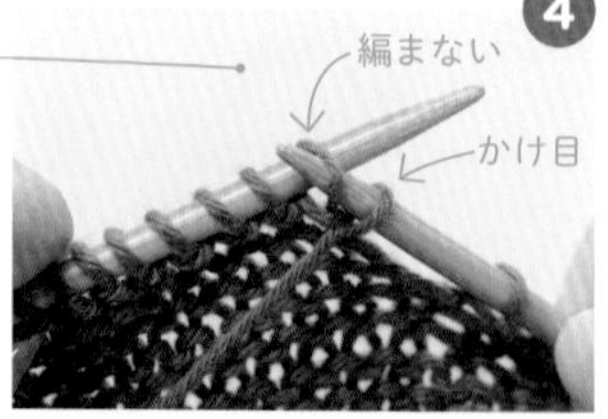

1目めは編まずに右針に移します（すべり目）。

5目編み残す

❺

端まで編み進め、右肩を完成させます（P.154❻以降を参照）。

【51段め（表側）】

❻

襟ぐりに糸をつけて伏せ止めをし、続きを編みます。

❼
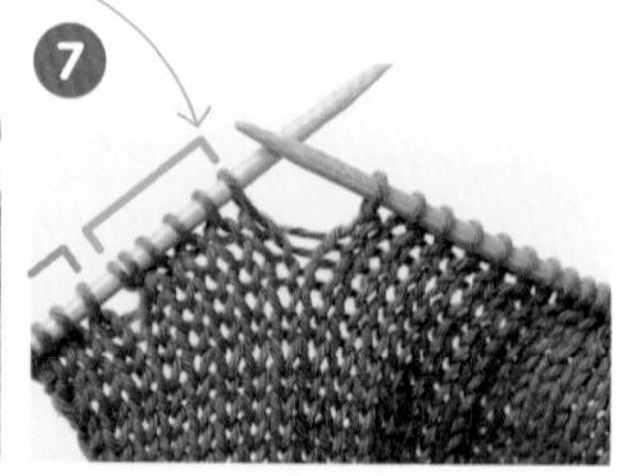

左針の5目を編み残します。

8 【52段め(裏側)】

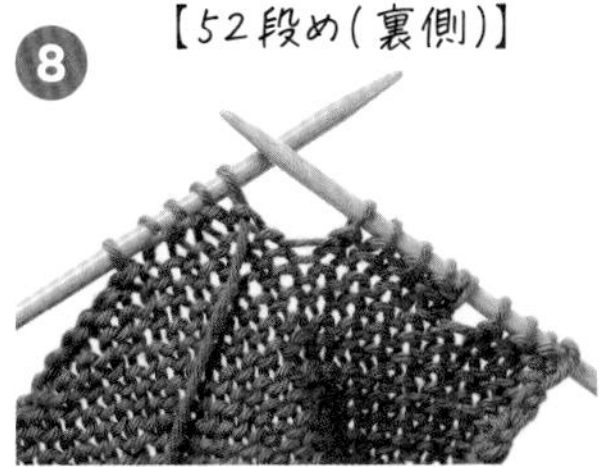

編み地を裏に返します。

9

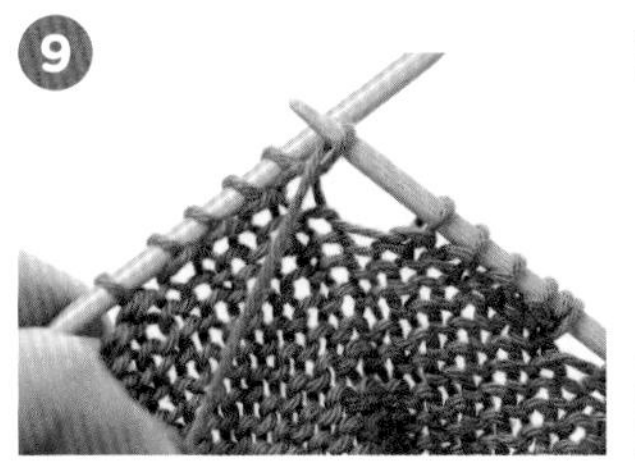

かけ目をします。

10

1目めは編まずに右針に移します(すべり目)。

11

続けて裏目で4目編みます。

12 【53段め(表側)】

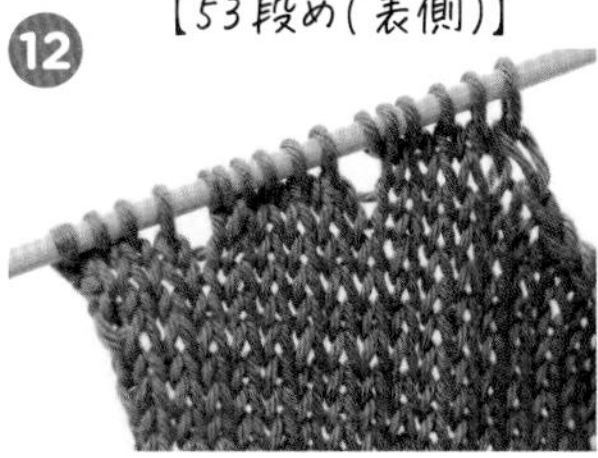

段消しの1段を編んでいきます。

13

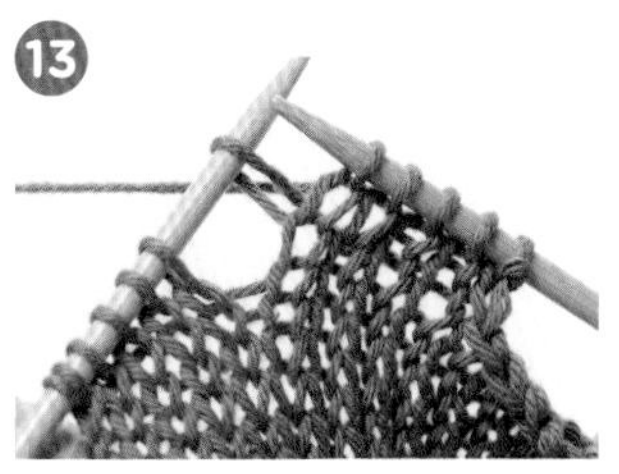

すべり目をした目まで表目で編みます。

14

かけ目と次の目を左上2目一度に編みます。

15

2目一度が編めました。

16

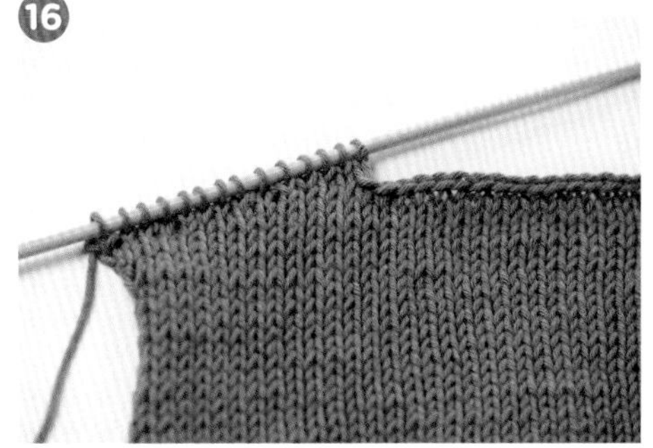

同じ要領で次のすべり目まで編み、左上2目一度に編みながら端まで編み進みます。左肩の引き返しが編めました。

裏側から見たところ。

ポイント5 袖のつけ方

身頃を裏返します。

袖は外表にして身頃の袖つけ側から中に入れます。

脇、袖山、中間にまち針を留めます。
さらにまち針とまち針の間を等間隔になるように留めます。

かぎ針を使って身頃側から引き抜きとじをします。脇の端の目の内側にかぎ針を入れます。

糸をかけて引き抜きます。1目引き抜いたところ。

同じ要領で身頃と袖の1目内側を引き抜きます。

針は編み地と垂直になるように入れて引き出します。

引き抜いたらまち針は外し、1周します。目が落ちていたり、つれていないか確認するとよいでしょう。

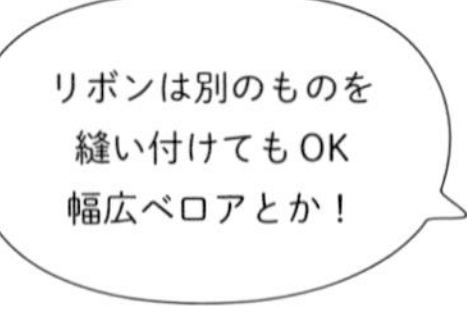

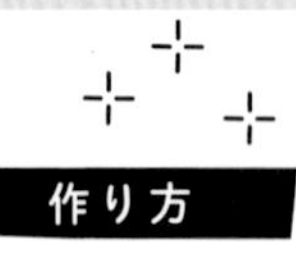

作り方

バックスリットベスト

front

back

よいしょ
よいしょ

使用糸：ハマナカ ソノモノ アルパカリリー ライトグレー（色番114） 220g（6玉）
使用針：2本棒針7、8、9号 4本棒針8号
ゲージ：メリヤス編み 棒針9号 19目26段が10㎝角
できあがり寸法：胸囲108㎝、着丈63㎝、肩幅39㎝
作り方：糸は1本どりで編みます。
前後身頃は一般的な作り目で編み始めます。
ガーター編みを8段編んだら
9号針に持ち替えてメリヤス編みを編みます。
肩をかぶせはぎ、脇はすくいとじします。
襟を編んで伏せ止めします。リボンを編み、まつりつけます。

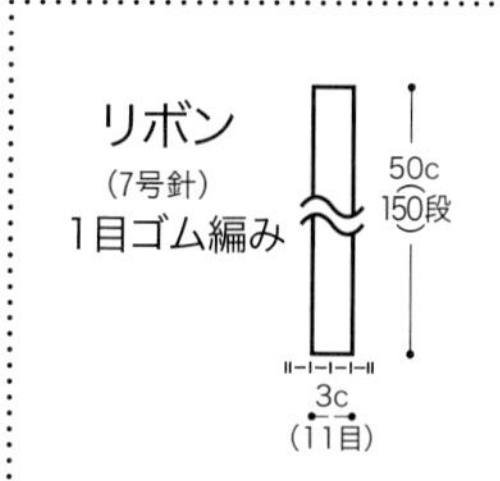

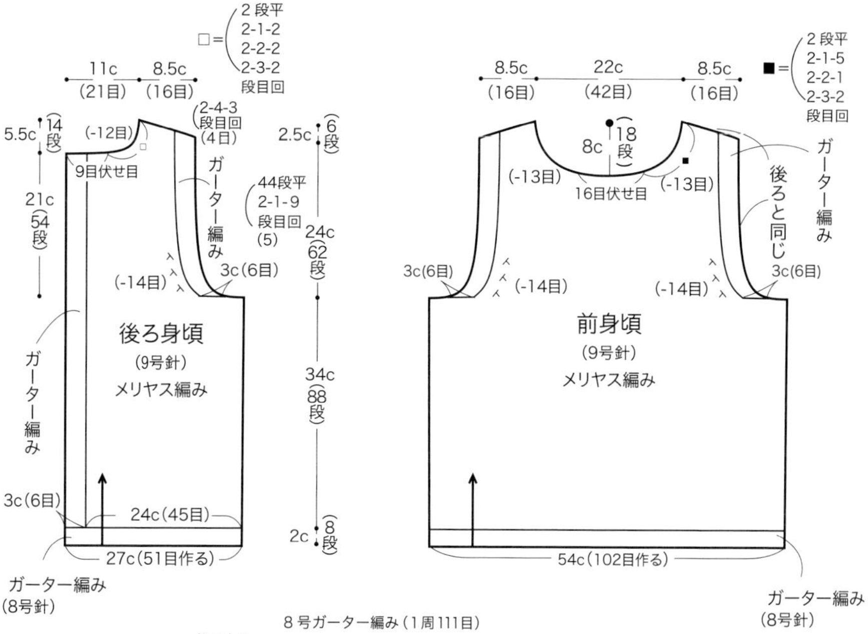

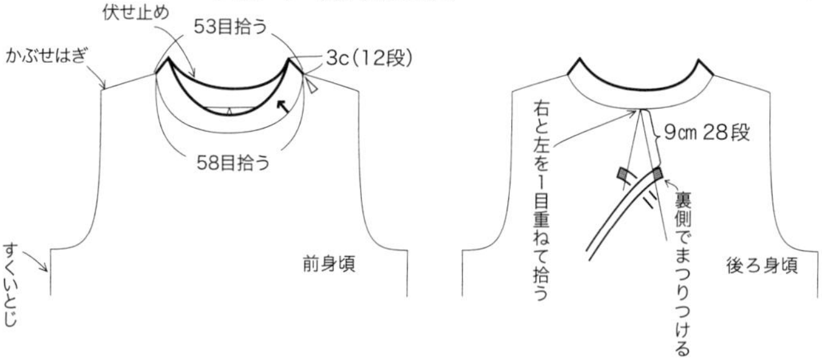

製図

続けて編む
＊リボンつけ位置
続けて編む

バックスリットベスト

編み図①

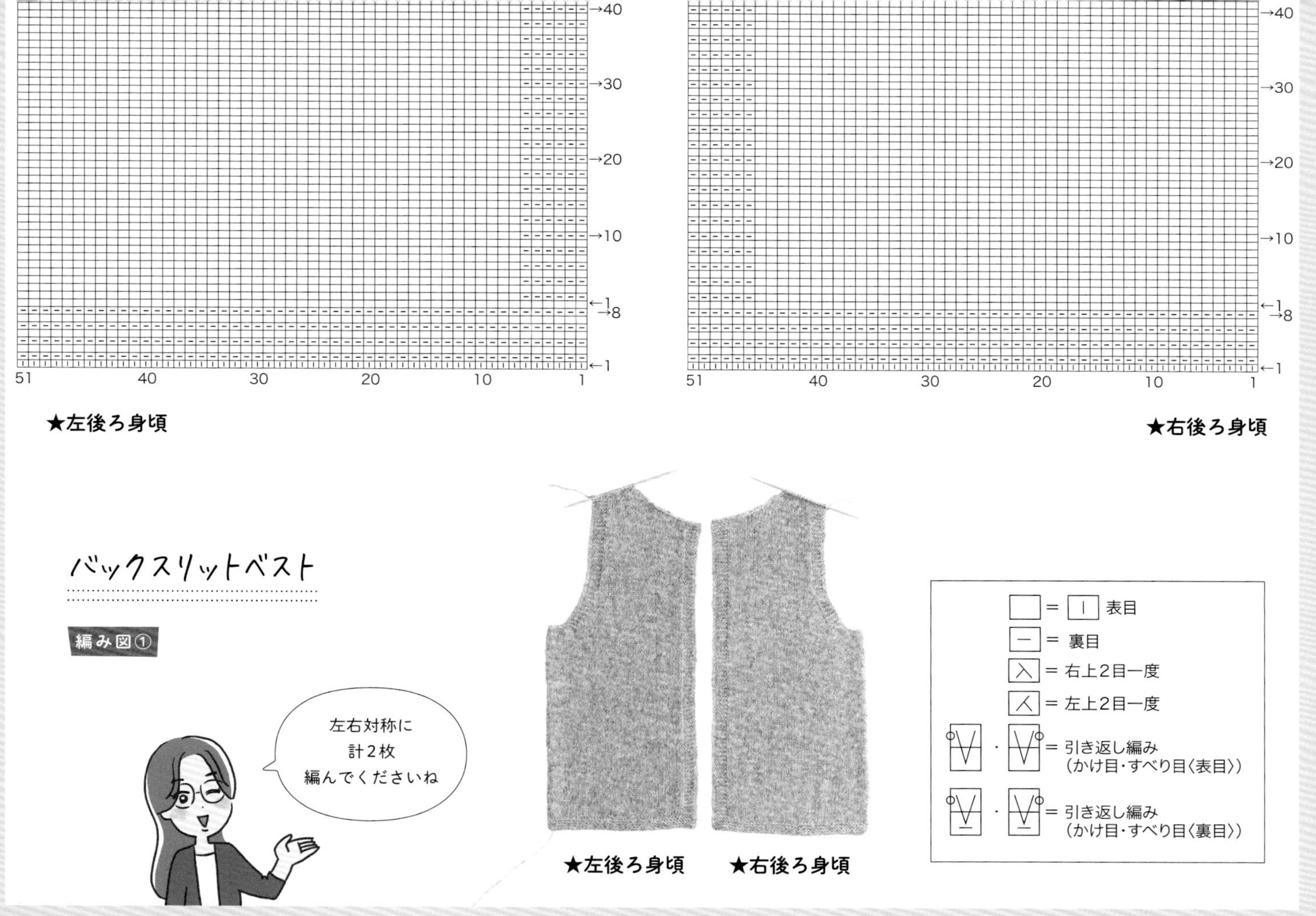

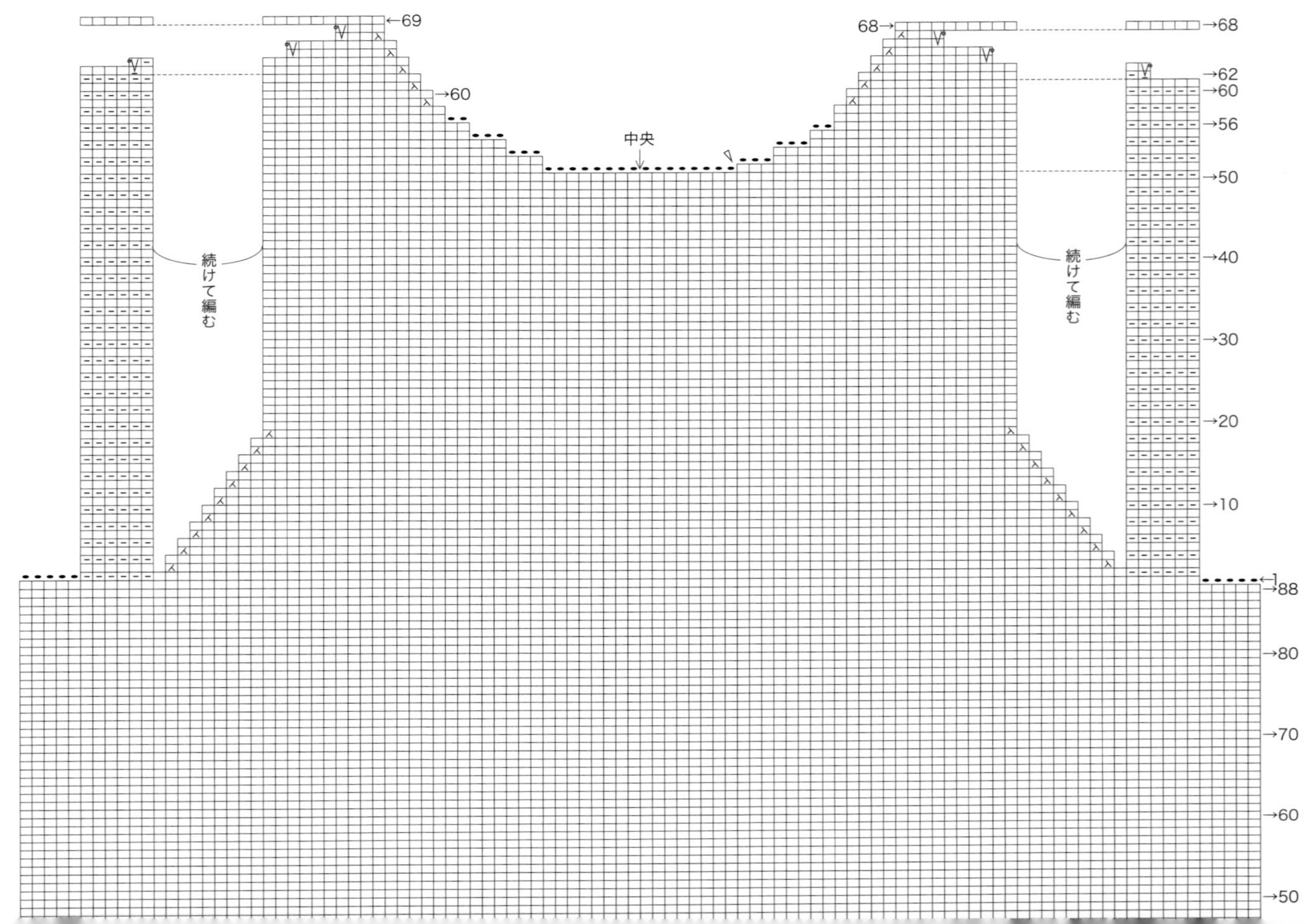

←69
→60
中央
68→
→68
→62
→60
→56
→50
続けて編む
続けて編む
→40
→30
→20
→10
←1
→88
→80
→70
→60
→50

バックスリットベスト

編み図②

★前身頃

←1 →8 ←1 →10 →20 →30 →40

102 100 90 80 70 60 ↑50 中央 40 30 20 10 1

★前身頃

原寸大のゲージ

「バックスリットベスト」メリヤス編み

作り方
P.160～

作り方
P.168～

「ひつじの腹巻き」模様編み

作り方

ひつじの腹巻き

製図

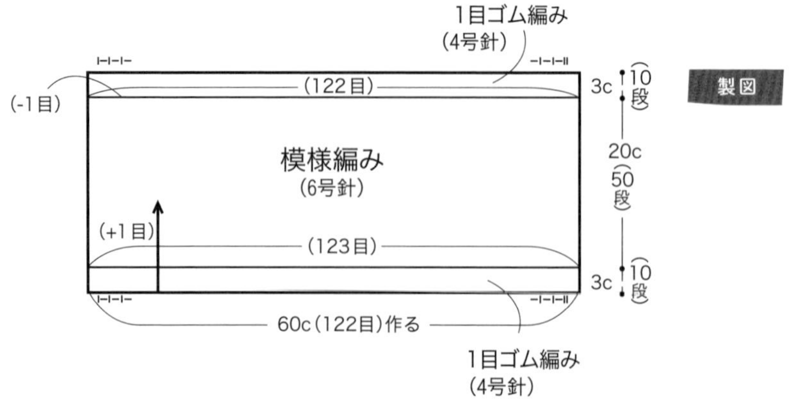

使用糸：ハマナカ　アメリー　白（色番20）　49g（2玉）、赤（色番6）　30g（1玉）

使用針：2本棒針4、6号

ゲージ：模様編み　棒針6号 20目25段が10㎝角

できあがり寸法：胴囲60㎝、縦幅26㎝

作り方：糸は1本どりで編みます。

1目ゴム編みで編み始め、続けて模様編みをします。

編み終わりは1目ゴム編み止めをします。

両端をすくいとじして輪になるようにつなげます。

- □ = 丨 表目
- − = 裏目
- ね = ねじり増し目（表目）
- 人 = 左上2目一度
- □ = 白（#20）
- ■ = 赤（#6）

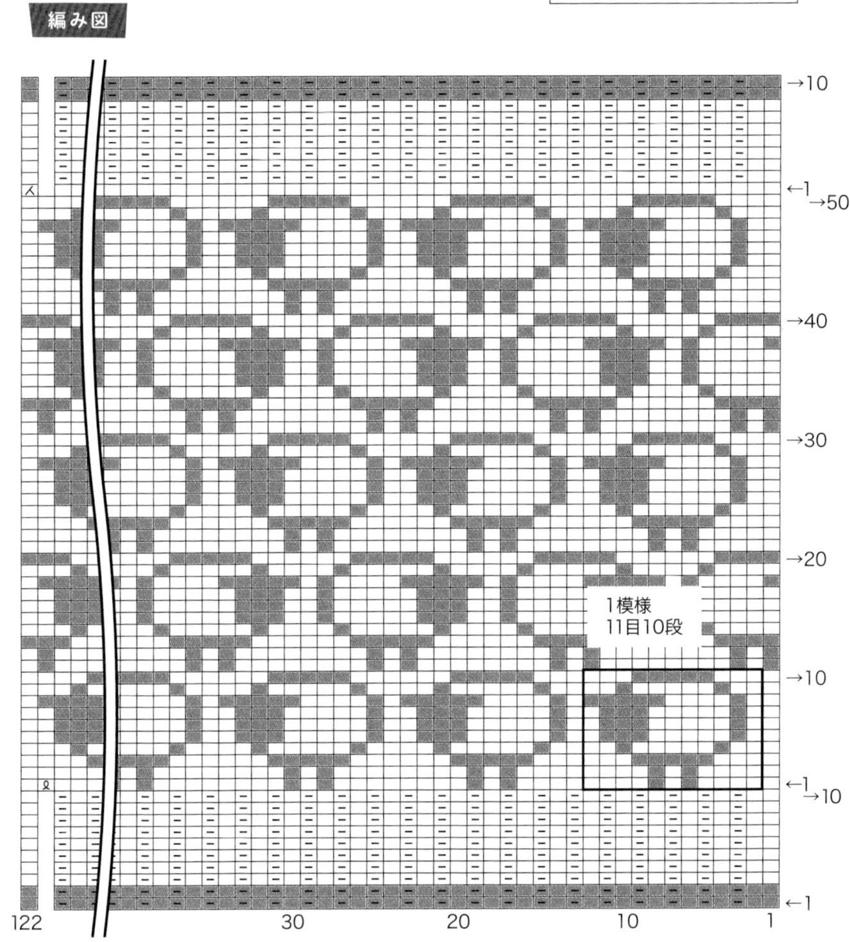

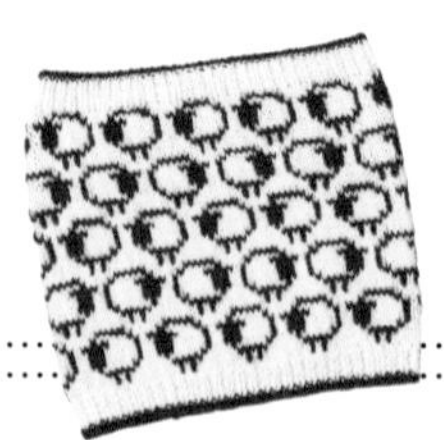

ひつじの腹巻き ポイント解説

編み込みを編むときは、
編んでいないほうの糸がつれたり、たるんだりしないように
糸の引き加減に気をつけてくださいね。

ポイント1 模様編みの1段め（表側）

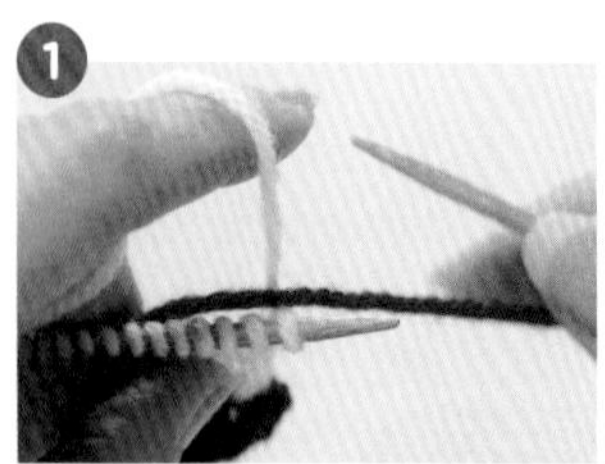

1 地糸（白）の糸の間に配色糸（赤）をはさみ、表目を編みます。

2 表目が編めて配色糸が編み地についたところ。

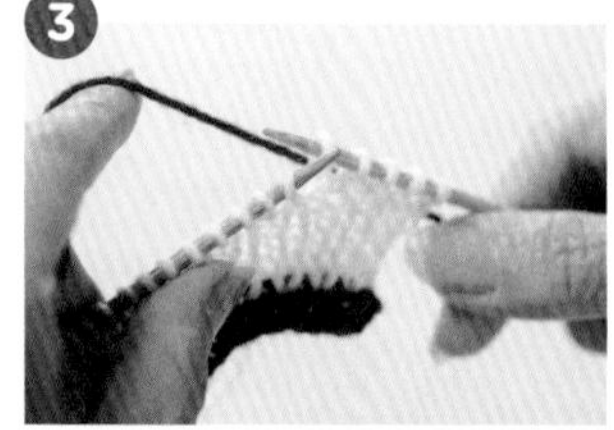

3 地糸で5目表目を編んだら、糸を編み地の向こう側に休めておき、配色糸を指にかけます。

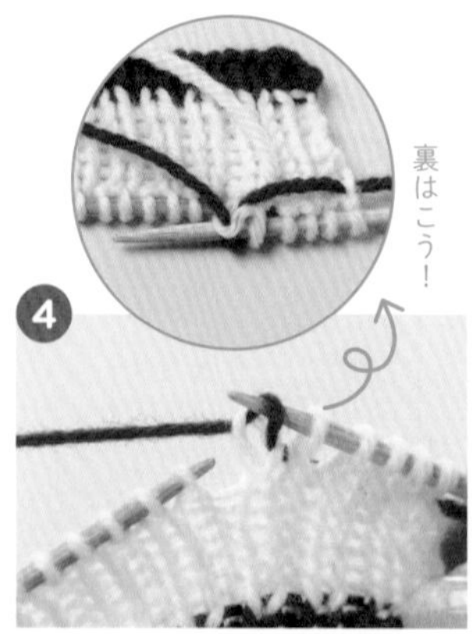

4 配色糸で１目表目を編みます。

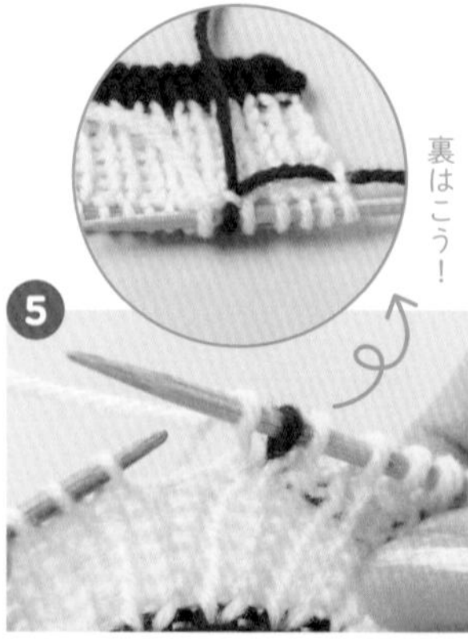

5 配色糸を編み地の向こう側に休めておき、地糸で表目を１目編みます。

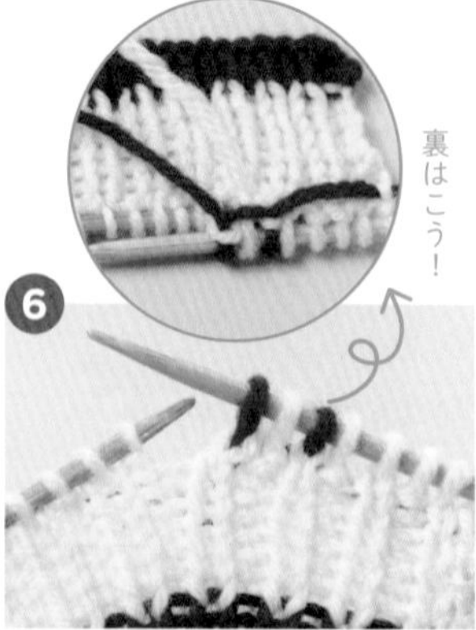

6 配色糸で表目を１目編みます。

ポイント2 模様編みの2段め(裏側)

編み地を裏に返し、配色糸を端まで渡します。

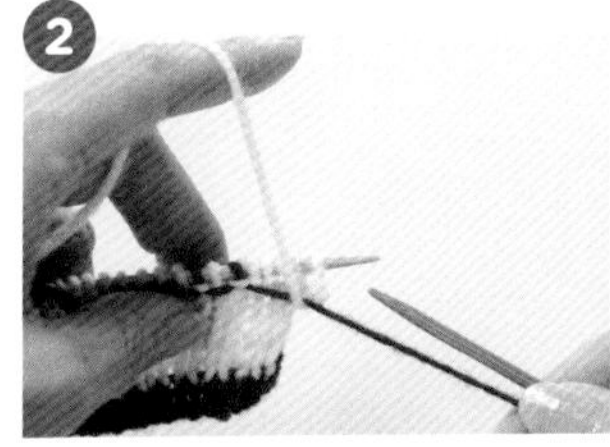

端の目を編むときに配色糸をはさみます。

地糸で1目裏目を編みます。配色糸が端まで渡りました。

地糸であと4目裏目を編みます。糸がゆるまないように左手の人さし指に地糸を巻きつけて持ちます。

渡り糸がつれないように編み地に沿わせ、配色糸で1目裏目を編みます。地糸がゆるまないように引き締めます。

わーきれい！
どうしたらこんなに
きれいに編めるの？

＼裏側／

編み込みの渡り糸は、
編み地の伸縮性に合わせて
つれたり、ゆるんだりしないように
編み地に沿わせるように
渡すことがポイント。
また、配色糸を編むときは、
地糸を下側に、
地糸を編むときは配色糸を上側にと
同じ位置に休めることも
横糸渡しの「決まり」です

作り方

ショール

Close-up!

使用糸：sawada itto moo ホワイト（色番1） 239g（6玉）

使用針：４本棒針５号（用意できれば輪針のほうが編みやすい）

ゲージ：模様編み　18目27.3段が10cm角

できあがり寸法：横86cm、縦90cm

作り方：糸は１本どりで編みます。

一般的な作り目で編み始めます。

ガーター編みをして、続けて模様編みをします。

250段めで表編みをしながら伏せます。

製図

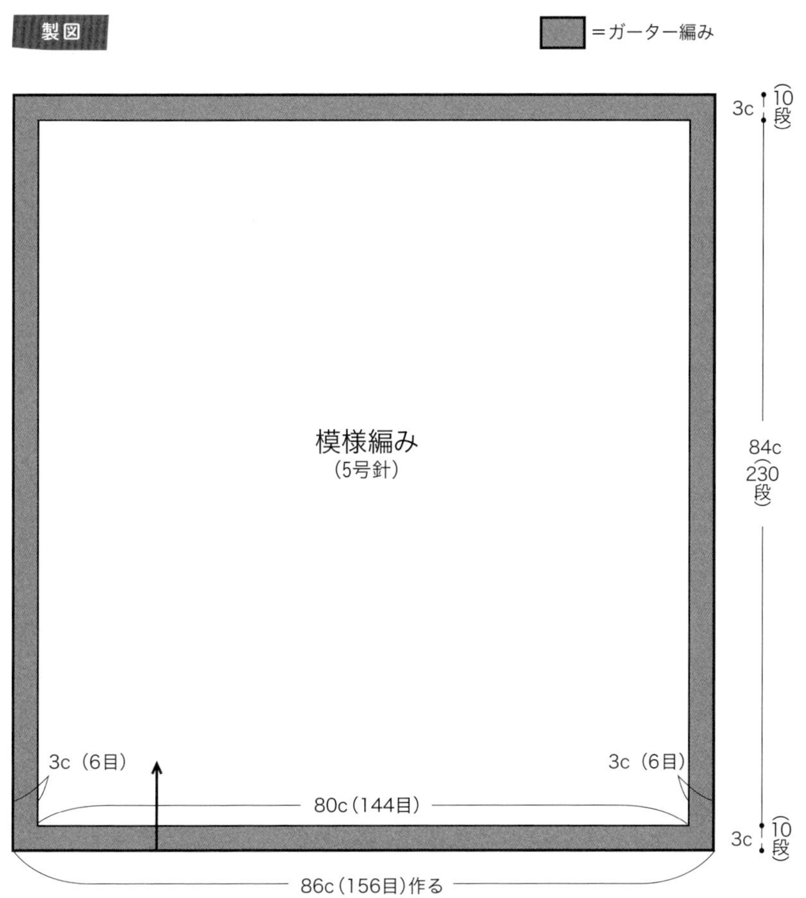

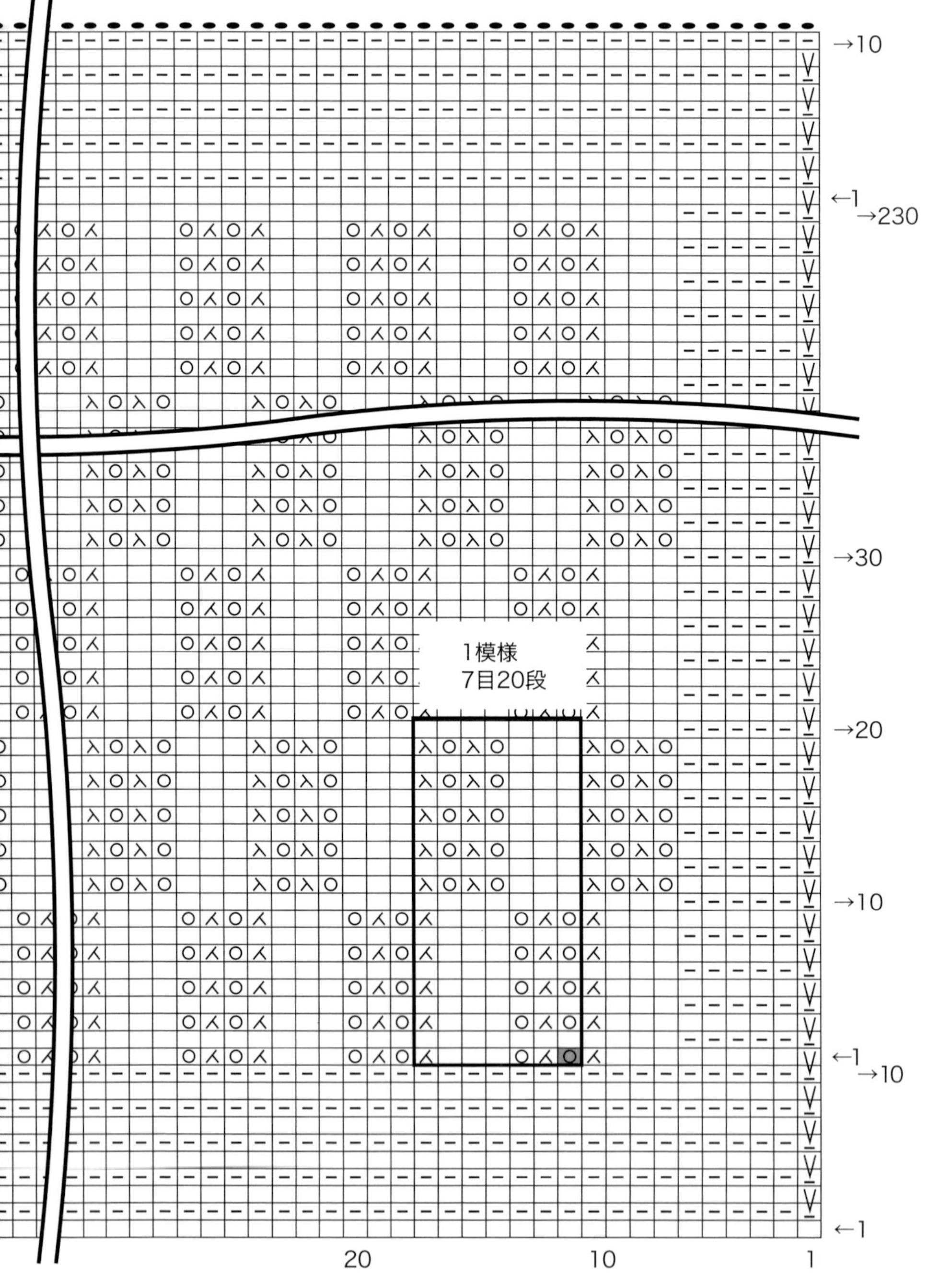

1模様
7目20段
→10
←1
→230
→30
→20
→10
←1
→10
←1
20
10
1

ショール

編み図

編み図では、見やすいように
パターン化された模様に
枠をつけます。
この模様は、○（かけ目）と
λ 人 左右の２目一度
だけで構成されています。
かけ目は針に糸をかけることで
次の段を編んだときに穴があき、
透かし模様に。
かけ目をすると１目増えるから、
目数の調整のために
２目一度を編んで
減らし目をします

1模様
7目20段

λ	○	λ	○			
λ	○	λ	○			
λ	○	λ	○			
λ	○	λ	○			
λ	○	λ	○			
人				○	人	○
人				○	人	○
人				○	人	○
人				○	人	○
人				○	人	○

これです

記号	
□ = ｜	表目
－	裏目
λ	右上2目一度
人	左上2目一度
○	かけ目
V	すべり目（表目）
V（下線）	すべり目（裏目）

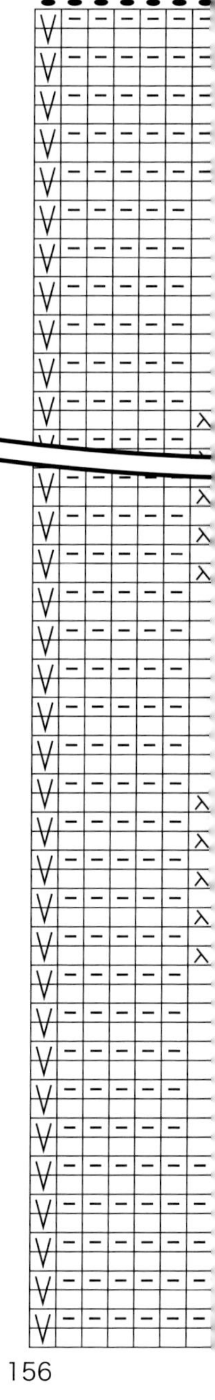

156

ポイント　かけ目の編み方（○）

かけ目 ○　　左上２目一度 人

かけ目 ○

右針に糸を向こう側からすくうように糸をかけます。

ハニカム模様も
アラン模様の
一種なんですよ

作り方

ネックウォーマー

使用糸：atelier K's K　カプチーノ　黒（色番5）　220g（5玉）

使用針：2本棒針7、8号　4本棒針6、7、8、9号

ゲージ：メヤリス編み　棒針8号　17目28段が10cm角

模様編み　棒針8号　27.5目27段が10cm角

できあがり寸法：横32cm、縦20cm、肩幅32cm

作り方：糸は1本どりで編みます。

一般的な作り目で編み始めます。

ガーター編みを7号針で編んだら8号針に持ち替えて模様編みします。

肩はかぶせはぎします。

襟を編んで、1目ゴム編み止めをします。

製図

★後ろ身頃

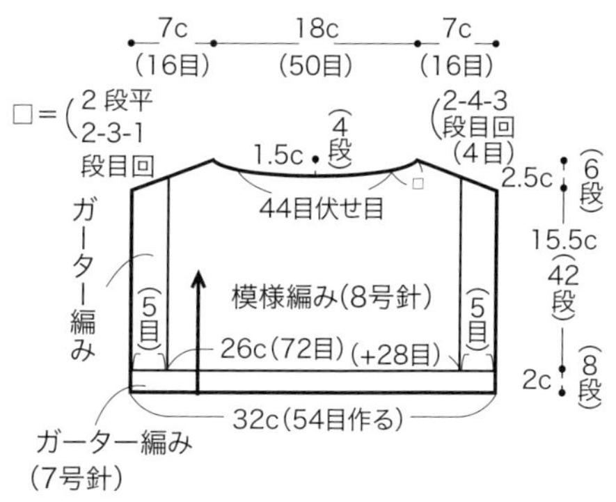

★前身頃

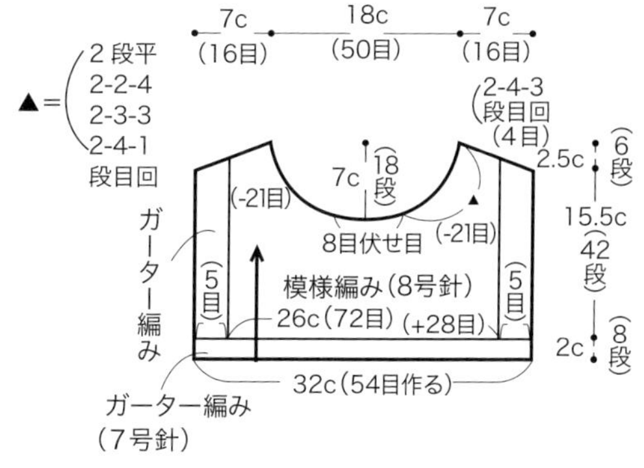

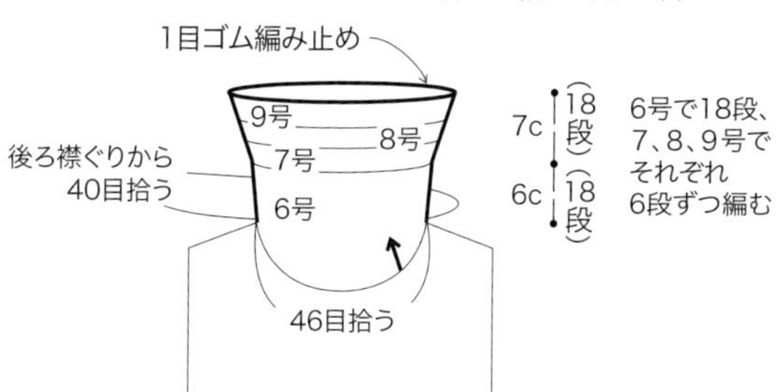

ネックウォーマー

編み図

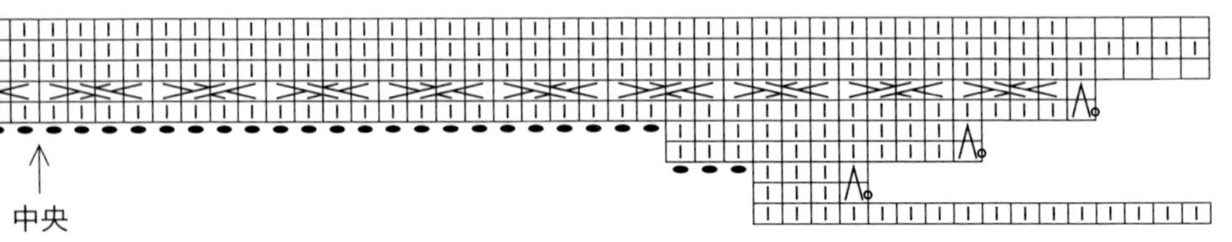

中央

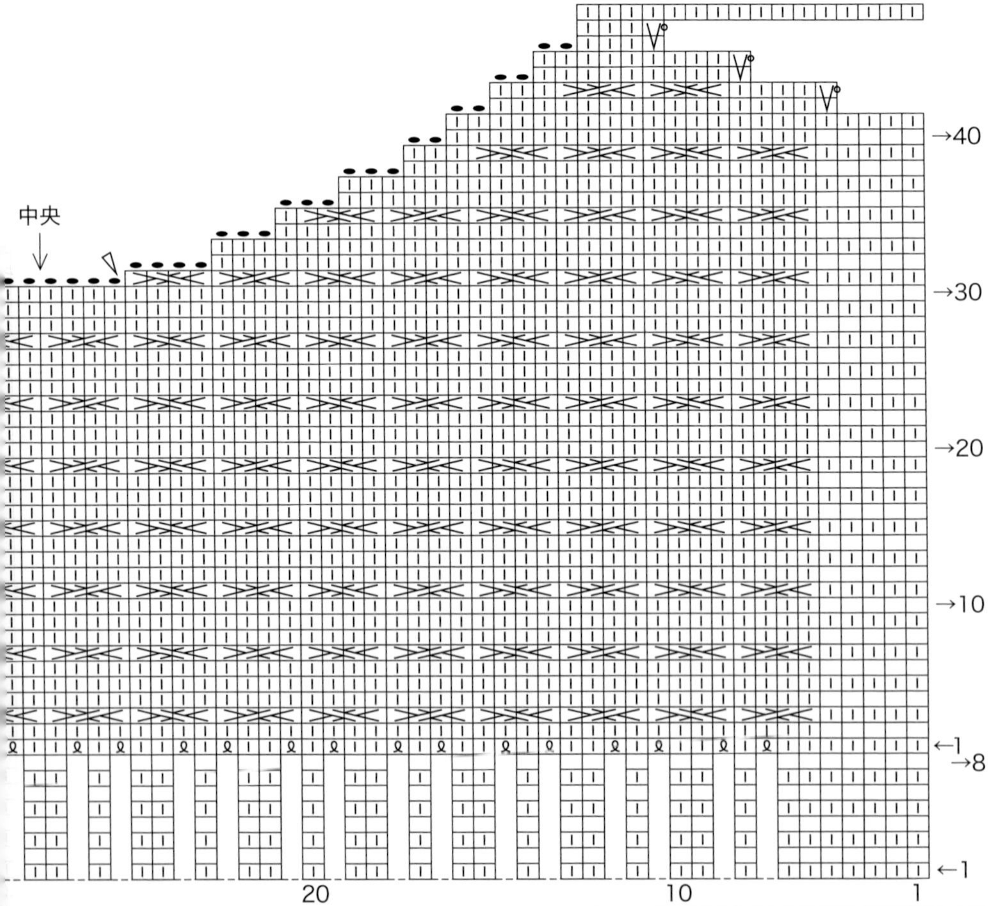

→40

→30

→20

→10

←1
→8

←1

20 10 1

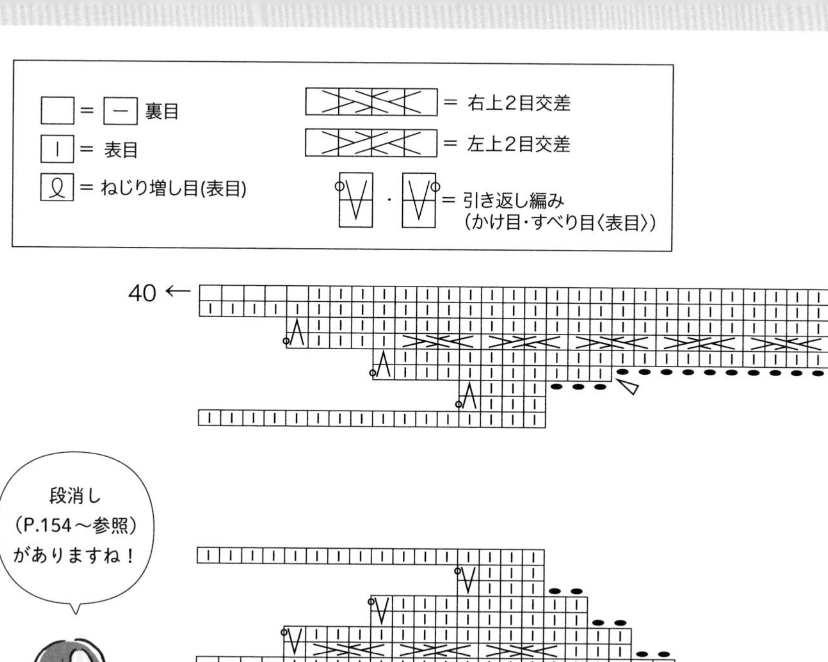

段消し
（P.154～参照）
がありますね！

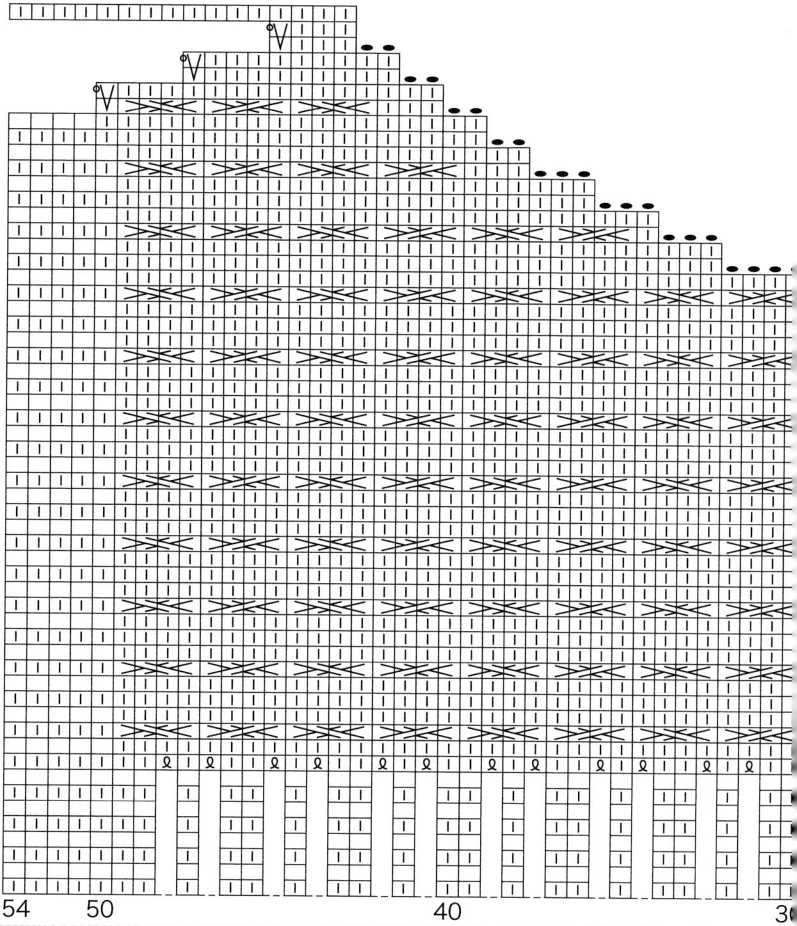

54 50 40 30

原寸大のゲージ

「ネックウォーマー」メリヤス編み

作り方
P.176~

「ネックウォーマー」模様編み

時は流れ11月…
ちょっと早いけど着ちゃった
ジャーン
これも冬のはじめなら着れる♪
お二人ともお似合いですよ
エヘヘ
セーターも根気さえあれば自分でも作れるってことがわかりました
ハードルが高く感じますが編み方自体が難しくなる！というわけではないんですね
はぐとかとじるとかはやっぱり苦手だけど…
根気…それが問題だ…
わかります〜仕事も家事もあると大作を作る時間がなかなか捻出できないんですよね〜
そうなんです今回も寝る前に少しずつ…が限界で
時々小物を編んだり真夏はまったく編まなかったりしました…
私たち時間かかりすぎましたよね
そんなことないですよ！多忙ななか完成までもっていけたんですから！
今はネットでシーズン外の糸も買えますし是非これからもチャレンジしてください！
いや〜…それにしてもセーターまで編めるようになるとは！
ウフフ
へへへ
これ…手編みセーター…
コソ…
は!?
数年前の自分が知ったら驚くだろうな

ところでナカムラさんは先ほどから一体なにを？
フフフあみぐるみです
あみぐるみ？
毛糸で編むぬいぐるみのようなものです
かわいいでしょう
カワイイ〜
甥っ子が生まれたのでプレゼントしようかと
はー編み物の世界は奥深いですね〜
喜びそう…
なんでも作れちゃうんだ…
こういうアクセサリーだって作れるんですよ
こんなのも
キラ
キラ
こんなのも♪
作ってみたい！
キャー
私はあみぐるみ!!
OK! では次のレッスンで♪
はーい
編み物の時間はつづく…

編み方の基本

指で作る作り目

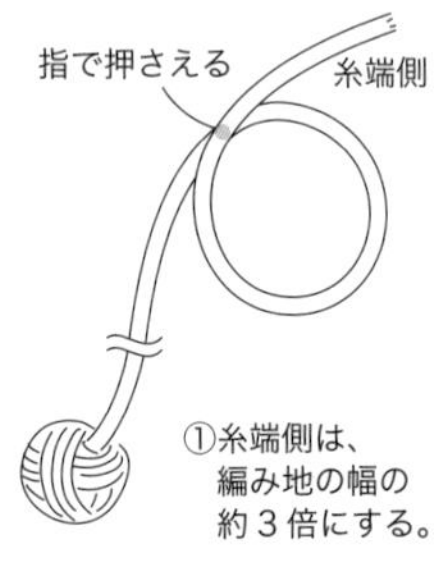

①糸端側は、
編み地の幅の
約３倍にする。

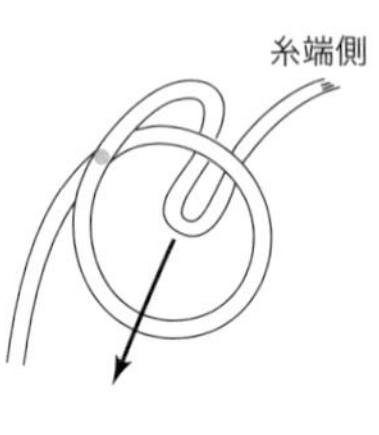

②わの中から、糸側の糸を
引き出す。

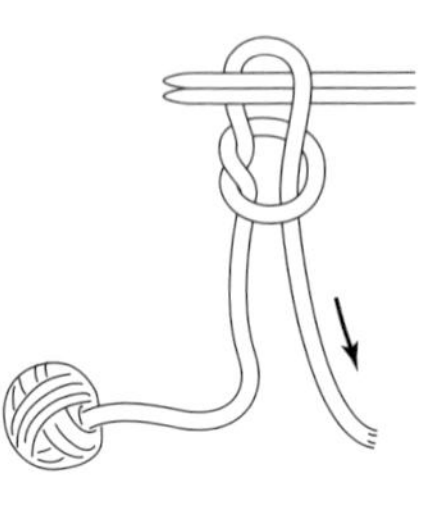

③わに針を２本通し、
糸端を引き、わを縮める。

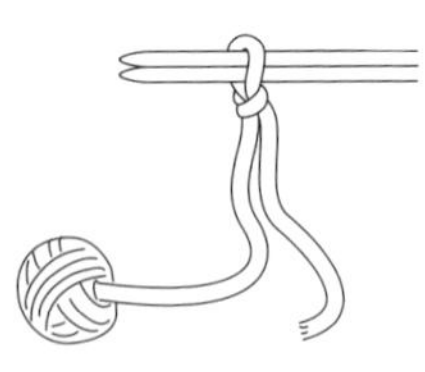

④１目めが完成。糸端を親指に、
糸玉につながる糸を
人さし指にかける。

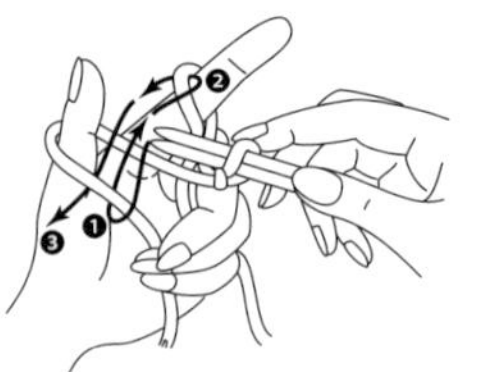

⑤針先を矢印のように動かし、
針に糸をかける。

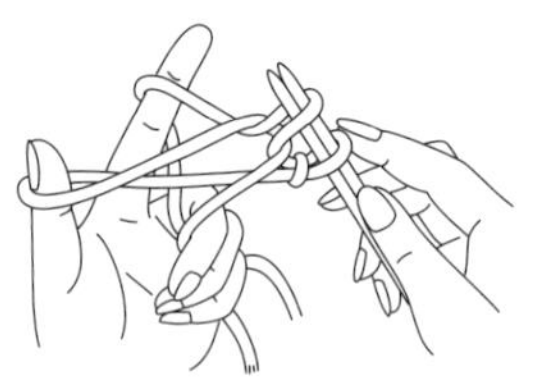

⑥親指の糸を外す。

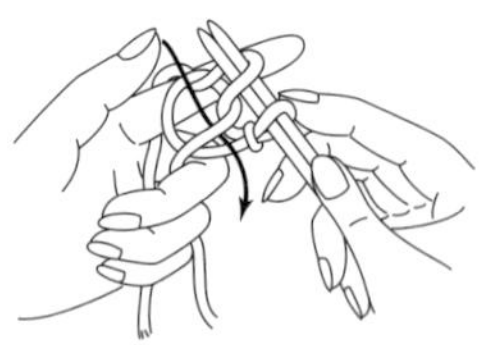

⑦矢印のように親指を入れる。

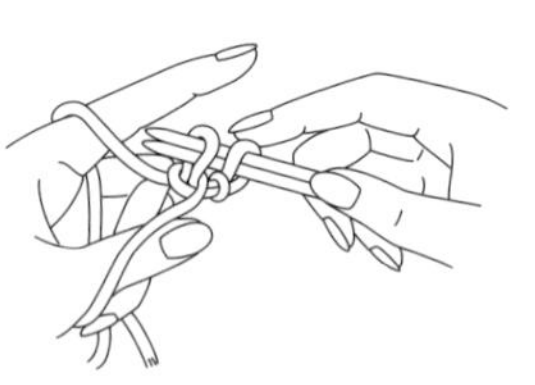

⑧目を引き締める（２目の完成）。

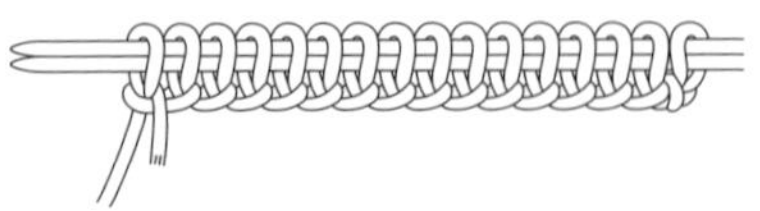

⑨必要目数作ったら、作り目の完成。
これが１段めとなる。

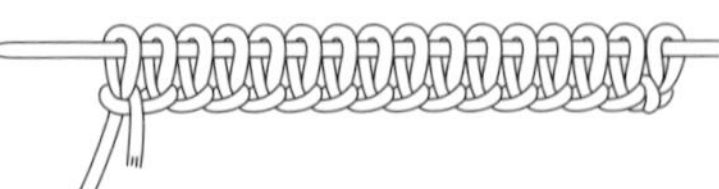

⑩針を１本抜いてから２段めを編む。

別糸で作る作り目

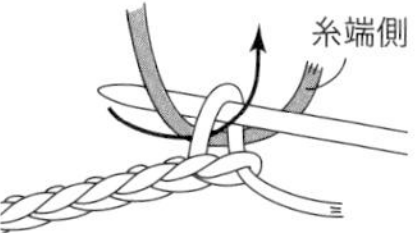

①別紙で指定の目数の鎖編みを編む。
右手に棒針を持ち、
糸端側（編み終わり側）から
鎖の裏山に、右針を入れて
糸をかけ、引き出します。

②同様に"鎖の裏山に
右針を入れて糸をかけて
引き出す"を繰り返す。

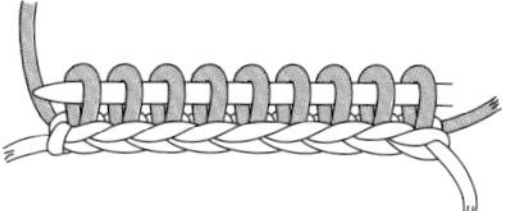

③指定の目数まで繰り返す。

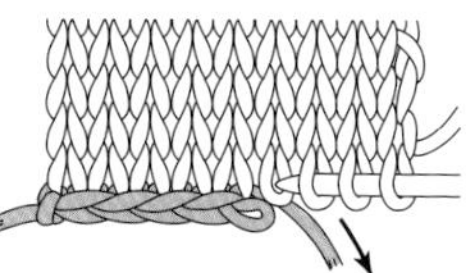

④本体が編み終わったら、
鎖編みの糸端側（編み終わり側）
から鎖編みをほどき、
本体の目を拾っていく。

表編み（表目）｜

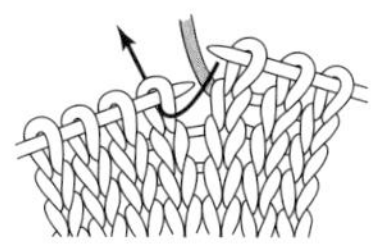

①左針の目に右針を
矢印のように入れる。

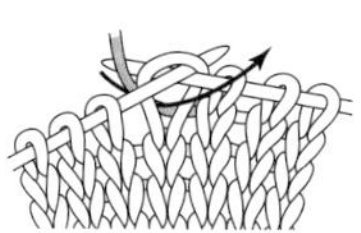

②右針に糸をかけ、
左針のループを通って
手前に引き出す。

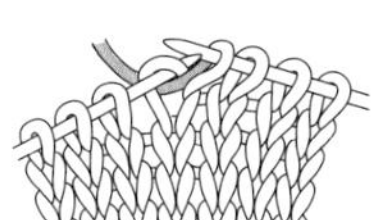

③左針からループを外す。

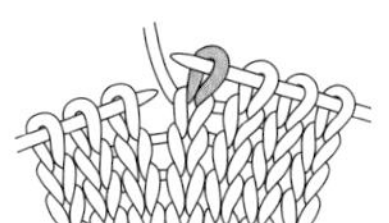

④表目の完成。

裏編み（裏目）—

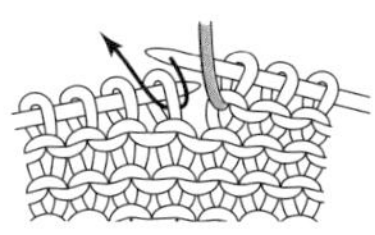

①糸を手前にし、右針を
矢印のように入れる。

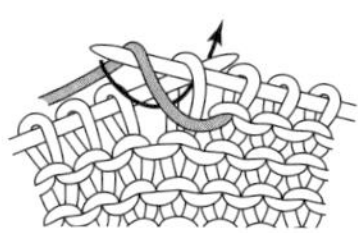

②右針に糸をかけ、
左針のループを通って
向こう側に引き出す。

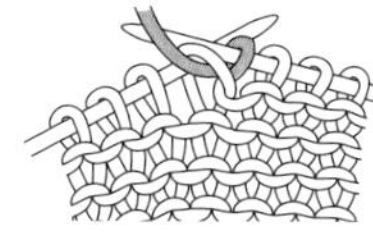

③左針からループを
外す。

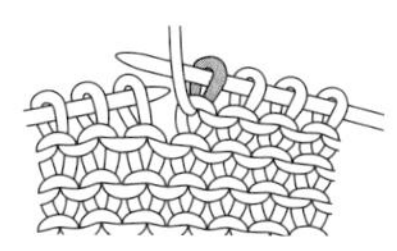

④裏目の完成。

ねじり増し目 ℓ

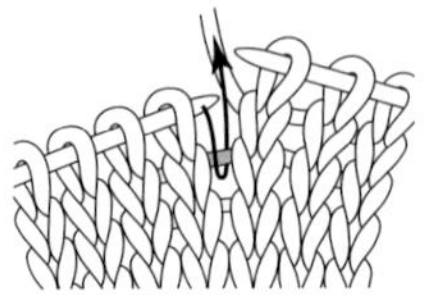
①次に編む目との間に渡った前段の糸を左針で引き上げる。

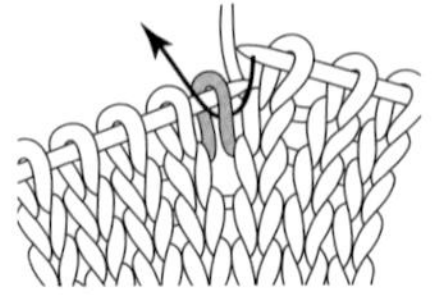
②引き上げた糸に右針を入れ、表目を編む。

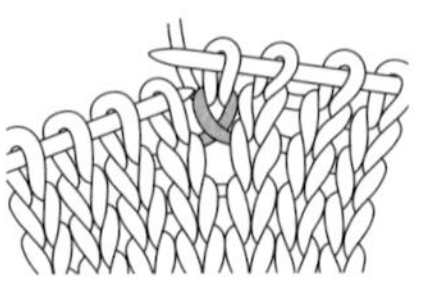
③次の段を編んだところ。

伏せ止め ●

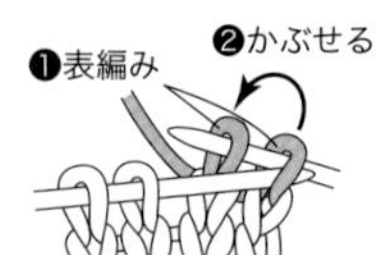

①端の２目を表編みし、１目めを２目にかぶせるように右針から目を外す。

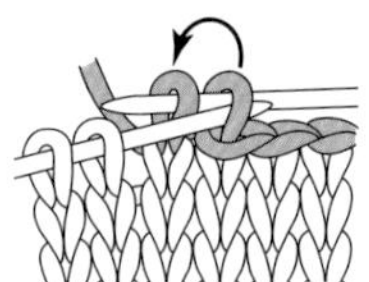
②同様に端まで編む。

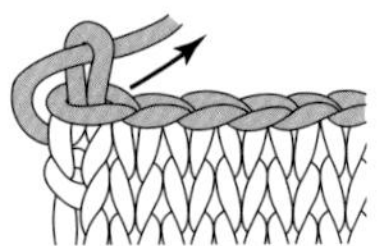
③最後は目の中に糸を通して、引き締める。

かけ目 ○

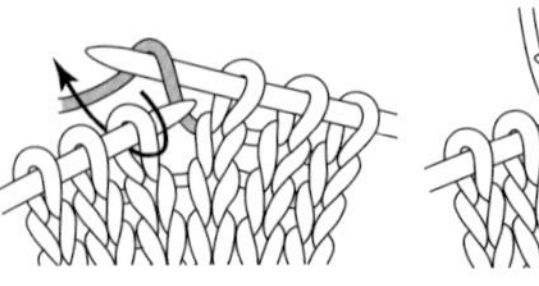
①右針に手前から向こう側に糸をかけ、次の目を編む。

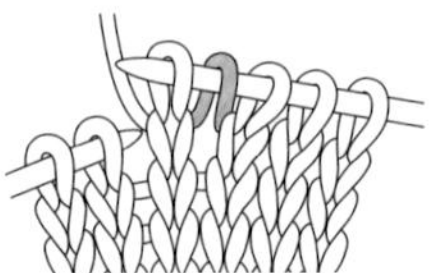
②かけ目の完成。

すべり目（表目）

①糸を向こう側におき、左針の目に右針を入れる。

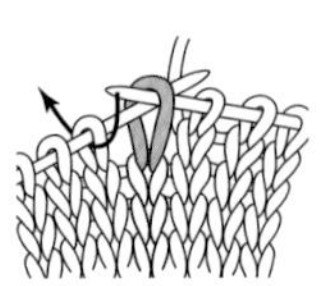
②編まずに目を右針にすべらせ、続けて表編みをする。

すべり目（裏目）

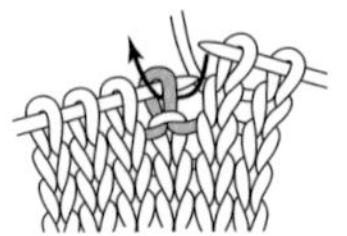
①糸を向こう側におき、左針の目に右針を入れ、右針に目を移す。

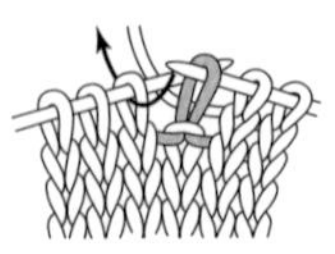
②編まずに目を右針にすべらせ、続けて表編みをする。

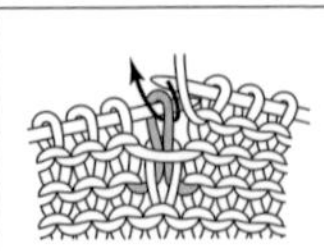
裏から編む段はすべり目を裏目で編む。

右上2目一度（表目）

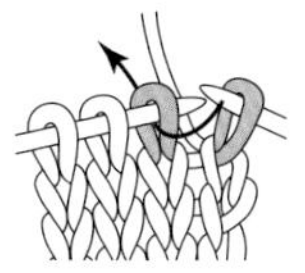

①1目めに手前から
針を入れる。

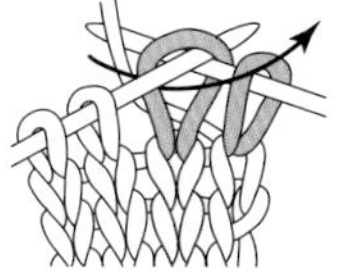

②2目めを表編みをする。

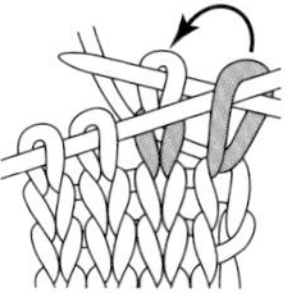

③1目めに左針を入れ、
2目めにかぶせる。

④右上2目一度の
完成。

左上2目一度（表目）

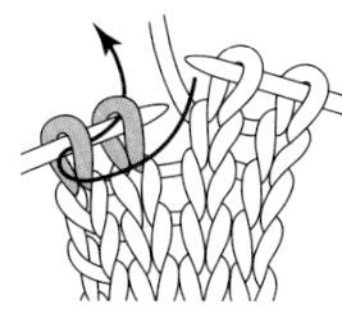

①左針の2目に矢印のように
一度に右針を入れる。

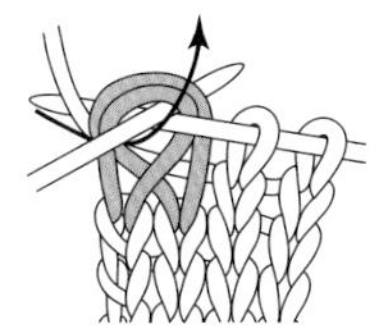

②2目一緒に表編みを
する。

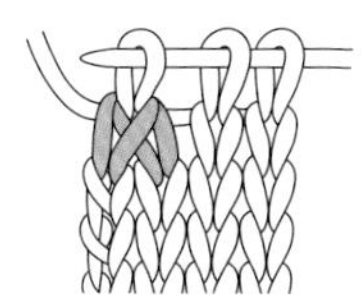

③左上2目一度の完成。

右上2目一度（裏目）

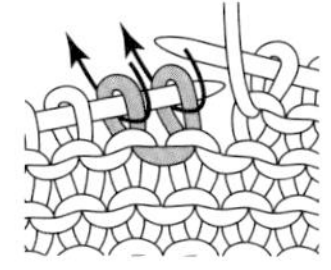

①左針の2目に、矢印の
ように右の目から
1目ずつ右針に移す。

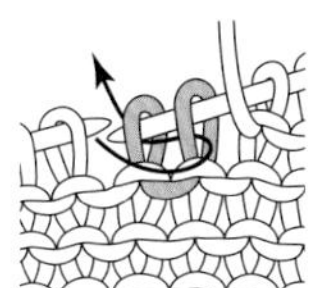

②移した2目を
左針に戻す。

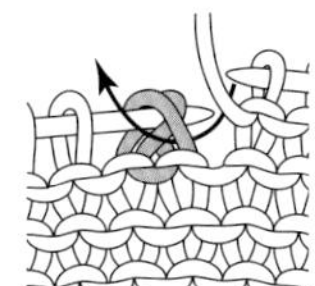

③2目一緒に
裏編みをする。

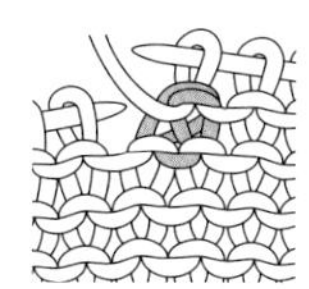

④右上2目一度の
完成。

左上2目一度（裏目）

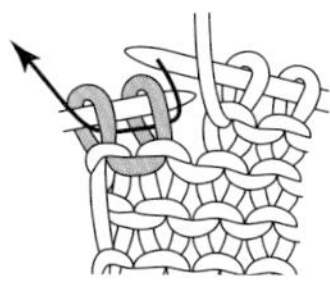

①左針の2目に
矢印のように一度に
右針を入れる。

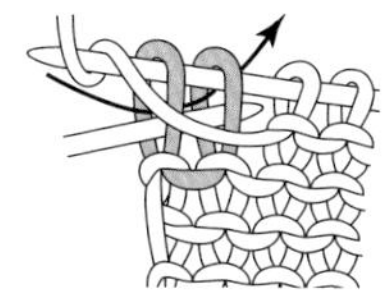

②2目一緒に
裏編みをする。

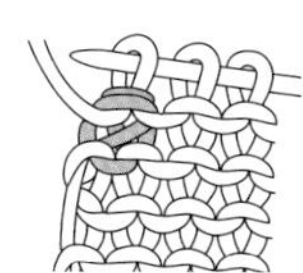

③左上2目一度の完成。

引き上げ編み

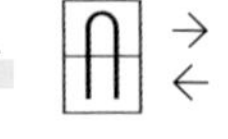

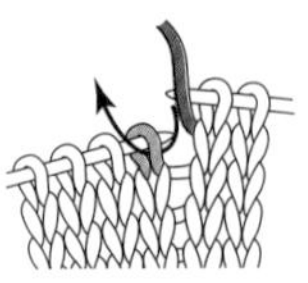

①1 段めの操作。
右針に糸をかけ、
左針の 1 目めを編まずに
右の針へ移す(すべり目)。

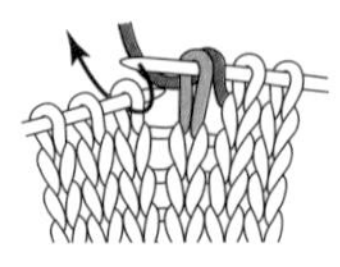

②そのまま次の目を
編んでいく。

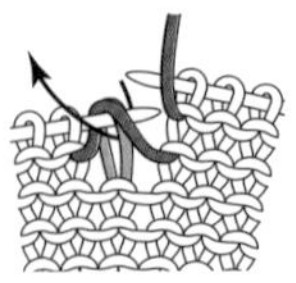

③2 段めの操作。
前段のすべり目＋
かけ目を一緒に
表編みをする。

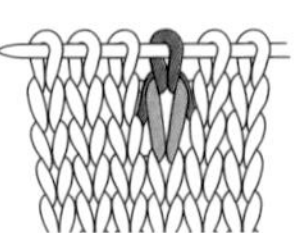

④引き上げ編みの完成。

右上交差(表目 1 目と裏目 1 目)

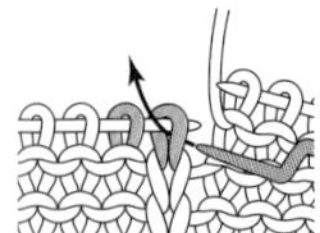

①1 目をなわ編み針に
矢印のように移す。

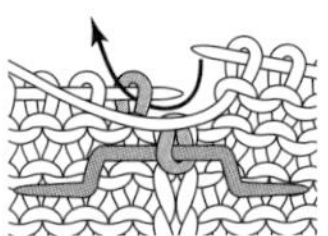

②なわ編み針を手前側に
休ませておき、左針の
1 目を表編みする。

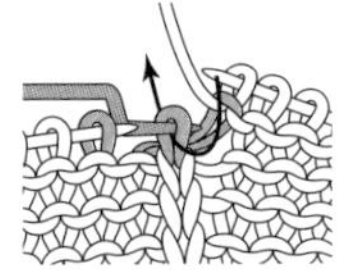

③なわ編み針の
1 目を裏編みする。

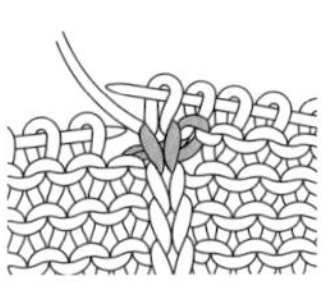

④右上交差(表目 1 目と
裏目 1 目)の完成。

左上交差(表目 1 目と裏目 1 目)

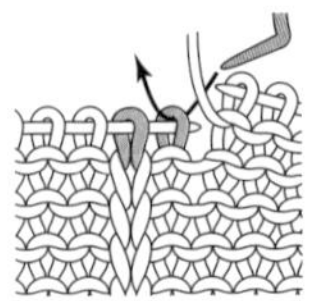

①1 目をなわ編み針に
矢印のように移す。

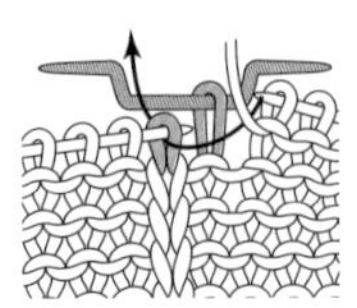

②なわ編み針を向こう側に
休ませておき、左針の
1 目を表編みする。

③なわ編み針の
1 目を裏編みする。

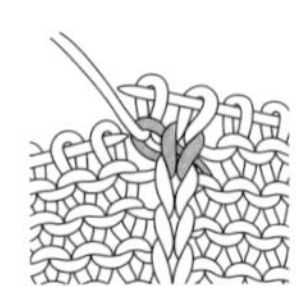

④左上交差(表目 1 目と
裏目 1 目)の完成。

右上2目交差

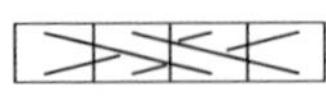

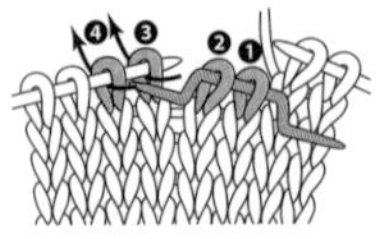

①なわ編み針に左針の
右側❶❷の 2 目を移し、
手前に休ませておく。
❸❹の順に、表編みする。

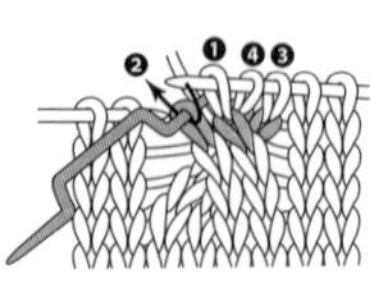

②なわ編み針に
休ませていた❶❷を
順に表編みする。

左上2目交差

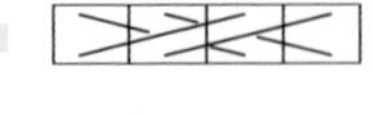

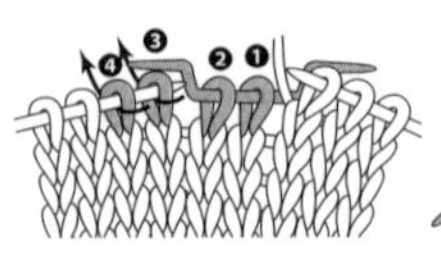

①なわ編み針に左針の
右側❶❷の 2 目を移し、
向こう側に休ませておく。
❸❹の 2 目を表編みする。

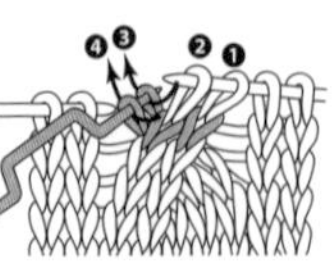

②なわ編み針に
休ませていた❶❷を
順に表編みする。

右上交差（表目2目と裏目1目）

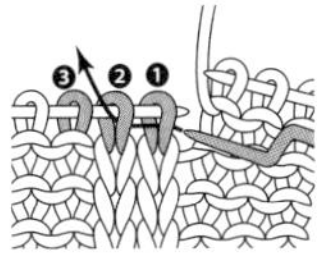
①❶❷をなわ編み針に矢印のように移す。

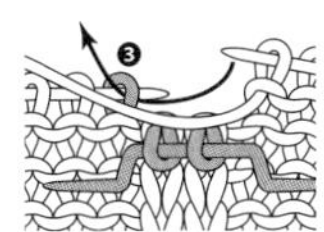
②なわ編み針を手前側に休ませておき、左針の❸を裏編みする。

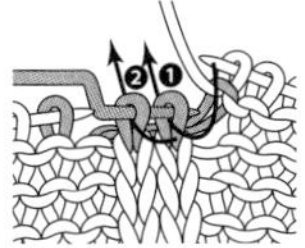
③なわ編み針の❶❷を表編みする。

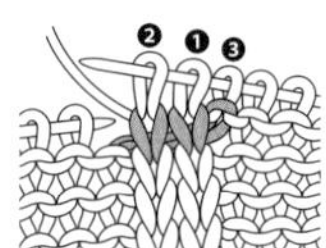
④右上交差（表目２目と裏目１目）の完成。

左上交差（表目2目と裏目1目）

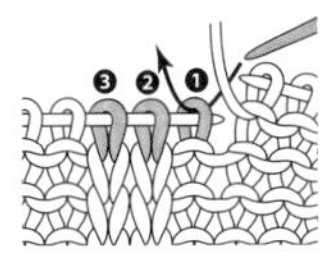
①❶をなわ編み針に矢印のように移す。

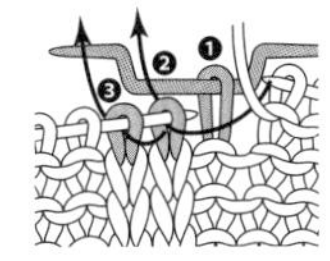
②なわ編み針を向こう側に休ませておき、左針の❷❸を表編みする。

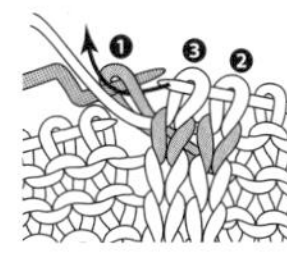
③なわ編み針の❶を裏編みする。

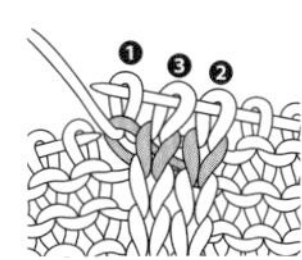
④左上交差（表目２目と裏目１目）の完成。

右上3目交差

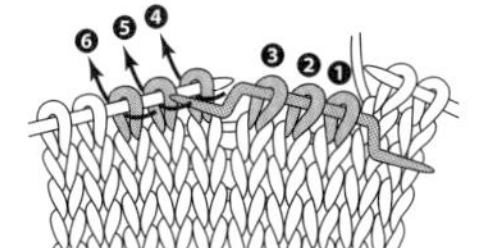
①なわ編み針に左針の右側❶❷❸の３目を移し、手前側に休ませておく。❹❺❻の３目を表編みする。

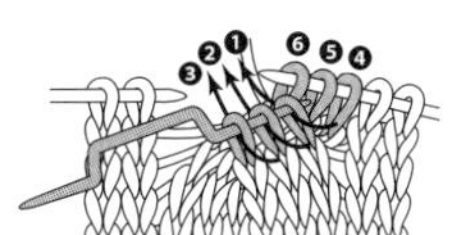
②なわ編み針に休ませていた❶❷❸を順に表編みする。

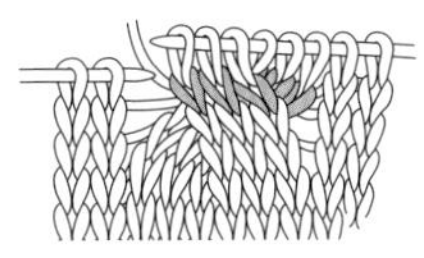
③右上３目交差の完成。

左上2目のとび交差

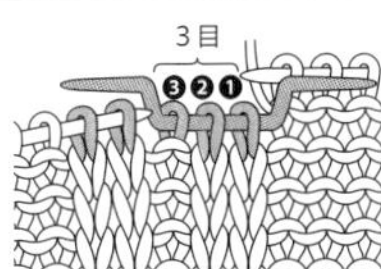

①３目をなわ編み棒に移す。

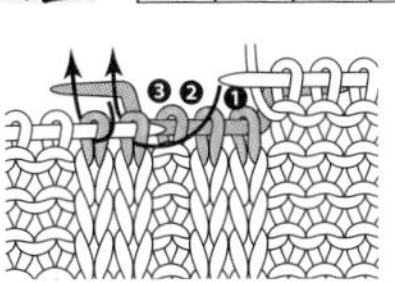
②なわ編み棒を編み地の向こう側に休ませておき、表編みを２目編む。

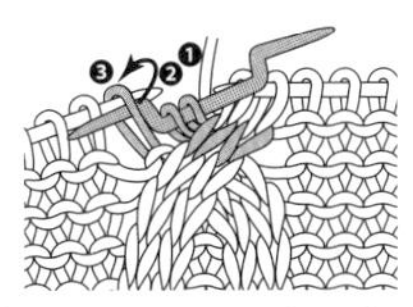
③休ませていたなわ編み針の左端の１目を左針に戻す。

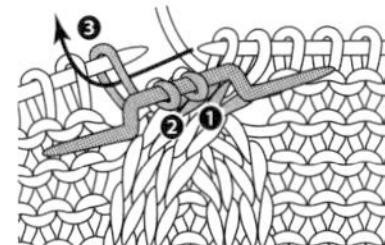
④なわ編み棒を手前側に休ませておき、移した目を裏編みする。

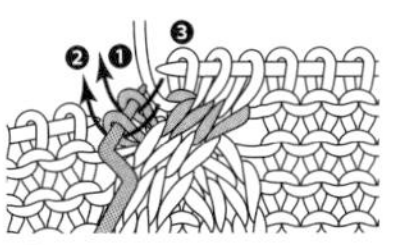
④続けて表編みを２目編む。

⑤左上２目のとび交差の完成。

引き返し編み（右側）

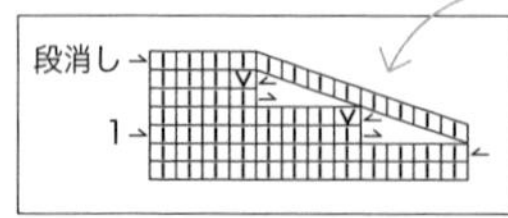

※「段消し」の編み図が
P.148-149と異なりますが、
同じ意味です。

①1段め（裏側）。
左針の4目を編まずに
残す。

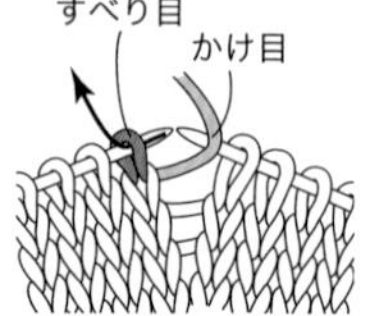

②2段め（表側）。表に返し、
右針にかけ目をして
左針の1目めを編まずに
右針に移す（すべり目）。

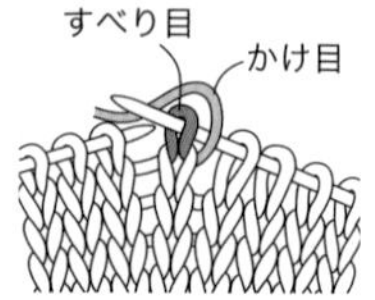

③かけ目＋すべり目ができたら
続けてこの段を端まで編む。
3段めは①と同様に、左針の4目を
編まずに残す。4段めは②と同様に、
かけ目＋すべり目をしてから端まで編む。

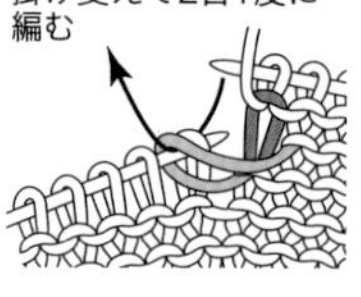

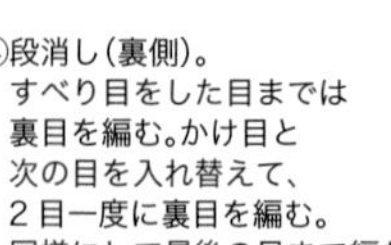

④段消し（裏側）。
すべり目をした目までは
裏目を編む。かけ目と
次の目を入れ替えて、
2目一度に裏目を編む。
同様にして最後の目まで編む。

⑤段消しの完成。
表側からかけ目は見えない。

引き返し編み（左側）

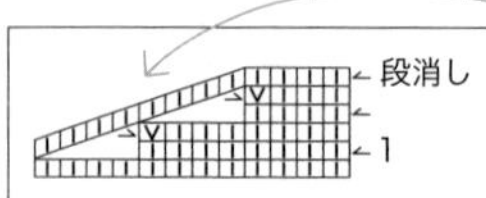

※「段消し」の編み図が
P.148-149と異なりますが、
同じ意味です。

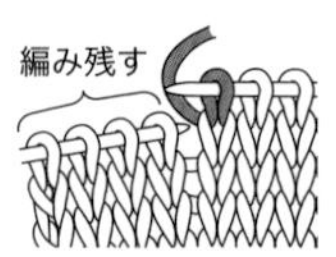

①1段め（表側）。
左端の4目を編まずに残す。

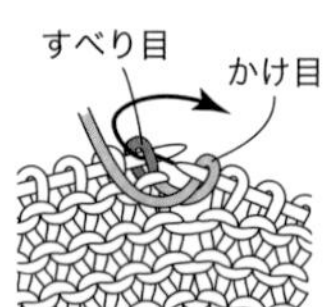

②2段め（裏側）。
裏返し、右針にかけ目をして
糸を手前側に置き、
左針の1目めを編まずに
右針に移す（すべり目）。

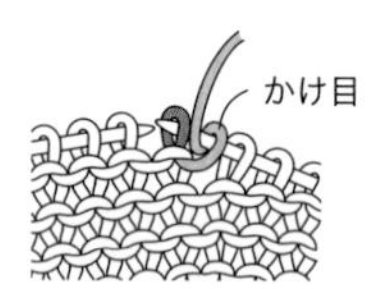

③かけ目＋すべり目ができたら
続けてこの段を端まで編む。
3段めは①と同様に、左針の4目を編まずに残す。
4段めは②と同様に、
かけ目＋すべり目をしてから端まで編む。

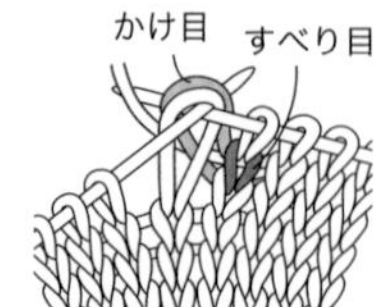

④段消し（表側）。
すべり目をした目までは
裏目を編む。かけ目と次の目を
2目一度に表目を編む（目は入れかえない）。
同様にして最後の目まで編む。

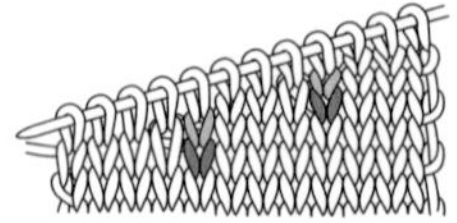

⑤段消しの完成。
表側から掛け目は見えない。

資材協力

道具

クロバー
編み物始め、ソーイングや手芸全般の用具の製造販売を行う。
なかでも棒針の「匠」、かぎ針の「ペン-E」や「アミュレ」は編み物愛好家にも認知度が高く、
初心者からプロまで愛される。
Instagram：@info_clover
X（twitter）：@info_clover
公式サイト：https://clover.co.jp

糸

パピー
オリジナル製品だけでなく、世界各国から様々なタイプの糸がそろう。
流行色にも強く、色鮮やか。SDGsを意識した商品展開もされるなど、地球にやさしいラインアップ。
[使用作品]P.120～アランのセーター
Instagram：@puppyarn_official
X（twitter）：@puppyarn
公式サイト：http://www.puppyarn.com

DARUMA（横田株式会社）
スタイリッシュで洗練された糸を取りそろえる。スタンダードなメリノウールから、本書で掲載した「まっすぐ編みのセーター／ベスト」で使用したウールモヘヤなど、個性的で着心地がいい糸が揃う。
[使用作品]P.20～まっすぐ編みのセーター／まっすぐ編みのベスト、P.144～ガーンジー編みのセーター
Instagram：@yokota_co_ltd
X（twitter）：@yokota_daruma
公式サイト：http://www.daruma-ito.co.jp/

ハマナカ
創業昭和15年、手芸手編み糸、及び各種手芸材料の製造発売元。
春夏秋冬向けの糸、ベビー・キッズ向け、ファンシー向けなど様々な商品展開が魅力。
[使用作品]P.160～バックスリットベスト、P.168～ひつじの腹巻き
Instagram：@hamanakaamuuse
X（twitter）：@AMUUSE_JP
公式サイト：http://hamanaka.jp

sawada itto
ニットの面白さや可能性を広げる、ユニークな価値ある糸づくりを大事にする。
「思わず手に取ってみたくなる風合いのよさ」と、「トレンドも取り入れた新しい糸」を提案。
[使用作品] P.172～ショール
Instagram：@sawada_itto_（メインアカウント）@sawadaitto_gallery（ギャラリーアカウント）
X（twitter）：@sawadaitto
公式サイト：https://sawadaitto.jp/

atelier K'sK
神戸を拠点に各地に講座を持つニットデザイナー岡本啓子氏が代表を務めるブランド。
品がよくエレガントな印象のオリジナル糸や、キットも充実。大人デザインが好きな方に。
[使用作品]P.176～ネックウォーマー
Instagram：@atelierksk
X（twitter）：@atelierksk
公式サイト：https://atelier-ksk.net

監修

fumifumi（ふみふみ）

atelier K'sKのニットデザイナー岡本啓子氏に師事し、ニッターを経て編み物講師に。現在は自宅教室のほか、大手手芸店での講師を務める。ソーイングと組み合わせた小物や、実用的なウエア、キュートなマスコットなど、多様な作品が魅力。

Instagram
potepote__official

まんがで
手作り入門
セーター+ベスト 編んでみませんか？

監修　fumifumi

編著　朝日新聞出版

発行者　片桐圭子

発行所　朝日新聞出版
〒104-8011 東京都中央区築地5-3-2
（お問い合わせ）infojitsuyo@asahi.com

印刷所　図書印刷株式会社

ISBN 978-4-02-334102-9

定価はカバーに表示してあります。
落丁・乱丁の場合は弊社業務部（電話03-5540-7800）へご連絡ください。送料弊社負担にてお取り替えいたします。

◎お電話での作り方に関するご質問はご遠慮申し上げます。
◎動画と別紙付録は、図書館施設などで貸出可能です。

STAFF
まんが　あきばさやか
デザイン（P.2～17除く）　あんバターオフィス
撮影　原田真理
加藤夏子（朝日新聞出版　映像写真部）
P.125,126,129,146
モデル　小谷実由
スタイリング・アートディレクション（P2～17）
串尾広枝
ヘアメイク　オオイケユキ
動画制作　マーナworks
作品制作協力　AKI
イラスト製作　小池百合穂
DTP　大島歌織
校正　木串かつ子
執筆協力　佐藤周子
編集　上原千穂（朝日新聞出版　生活・文化編集部）
写真　アフロ（P.6-7、P.8-9）

衣裳協力

ANTIPAST／クープ・ドゥ・シャンピニオン
tel.03-6415-5067

a+ koloni ／koloni
tel.03-6416-8635

SARAHWEAR
tel.03-5731-2741

原宿シカゴ 下北沢店
tel.03-3419-2890

plus by chausser.TRAVEL SHOES ／プリュス バイ ショセ
tel.03-3716-2983

Top of the Hill
tel.050-3803-2228